Noelia Ramírez (Esplugues de Llobregat, 1982) es periodista y vive en Barcelona. Trabaja como redactora de cultura en *El País* y es coautora del pódcast *Amiga date cuenta* (Radio Primavera Sound).

Nadie me esperaba aquí
Apuntes sobre el desclasamiento

Las voces de la periferia han logrado acceder al centro del discurso cultural, pero se enfrentan a una disyuntiva: o bien adoptan el rol exótico y rebelde que se espera de ellas, o bien disfrazan sus orígenes para ganar capital social. Lejos de la autocomplacencia y el victimismo, Noelia Ramírez aborda este sentimiento de no pertenencia y resignifica el desclasamiento como un viaje de la vergüenza al orgullo en el que crear discursos y espacios nuevos, más plurales y complejos.

A través de una experiencia personal de duelo y de ruptura con los mandatos heredados, la autora reflexiona sobre las paradojas de la identidad, la impostura de la autenticidad y el deseo de transformación en el plano íntimo y colectivo.

Nadie me esperaba aquí

Noelia Ramírez

Nadie me esperaba aquí

Apuntes sobre el desclasamiento

editorial anagrama

Primera edición: noviembre 2025
Segunda edición: enero 2026

Diseño de la colección: Compañía (lookatcia.com)

Pau Claris, 172
08037 Barcelona

ISBN: 978-84-339-4802-1
Depósito legal: B. 8325-2025

Printed in Spain

Liberdúplex, S. L. U., ctra. BV 2249, km 7,4 - Polígono Torrentfondo
08791 Sant Llorenç d'Hortons

A mi madre, la Viti,
la mejor de todas

A veces parece
que estamos en el centro de la fiesta.
Sin embargo
en el centro de la fiesta no hay nadie.
En el centro de la fiesta está el vacío.

Pero en el centro del vacío hay otra fiesta.

ROBERTO JUARROZ

Intrusa de qué

En el barrio no existen los apellidos. Cuando empecé a ganar dinero escribiendo, no pensé que firmar como Noelia Ramírez, sin más, fuese algo indigno. Así me llamo. Veinte años después de estrenarme a sesenta euros por crónica de la noche ibicenca, me faltan dedos en las manos para enumerar la cantidad de profesionales del gremio que disfrazan su nombre real. Maquillar el legado familiar al presentarse formalmente ante el resto se puede hacer de múltiples formas: hay quien revierte el orden de los apellidos para destacar el menos común, quien cambia alguna de sus letras para volverlos únicos, los que pegan el segundo al primero con un guioncito, o los que solo dejan la inicial del primero cuando es un apellido corriente. Eso es lo más habitual. También está quien se saca de la manga un «de» para incrustarlo entre ambos apellidos y performar cierto halo aristocrático ausente en su árbol genealógico. O los que directamente se inventan un alias, abrazando el desdoblamiento artístico. Esos son los Bono del periodismo. Un día les haces un Bizum y, al ver el apellido con el que presentan su renta al fisco, de golpe se te cae un mito.

Este significativo juego de apariencias, más habitual de lo que la gente piensa, no debe provocar vergüenza a quien lo practica. Al contrario, si la firma se disfraza es por astucia, por pura supervivencia. El mundo nos ha convertido en marcas de nosotros mismos, así que no es indigno crearse un nombre artístico. Y aunque hay excepciones –ahí están los que han naturalizado presentarse con sus dos apellidos o quien decide borrar el legado de un padre con el que está enemistado–, a las que aterrizamos sin herencias nos han hecho entender que solo una idiota querría presentarse como una García, una Pérez o una Ramírez a secas. Cómo vas a ascender con un nombre del populacho si tú misma ya anticipas que eres otra cualquiera.

Rita Hayworth abandonó su apellido paterno (Cansino) porque el de su madre (Hayworth, de origen irlandés) sonaba «más americano y menos latino». Esta anécdota tan manida en la crónica del racismo hollywoodiense es a la que se suele recurrir ahora que una nueva generación de actores afrodescendientes se niega a modificar sus nombres y apellidos para encajar en el negocio de la fama. La que se popularizó en su día como Thandie Newton (*Crash*, *Westworld*) ha recuperado la *w* que cayó *accidentalmente* de su nombre de pila cuando empezó su carrera a principios de la década de 1990 y vuelve a ser Thandiwe. La actriz lo anunció tras ver que otros intérpretes como Chiwetel Ejiofor (*Doce años de esclavitud*), Gbenga Akinnagbe (*The Wire*), Adewale Akinnuoye-Agbaje (*Perdidos, Escuadrón suicida*) o David Oyelowo (*Selma*) tomaron la decisión política de no disfrazar sus orígenes al presentarse como artistas. «Mi madre me suplicaba que me lo cambiase, pensaba que jamás tendría trabajo», explicó Akinnagbe a la publicación estadounidense *Deadline*. «Luché por mi nombre porque es quien soy. De niño, en la escuela en Inglaterra, los profesores querían llamarme Robert y yo me negaba. Mi nombre describe mi misión en la vida», añadió a la misma revista Akinnuoye-Agbaje.

Lo que grita esta reivindicación desde el mundo artístico es la injusticia de tener que borrar la propia identidad para ganar capital social. No es una decisión menor. Existe una amplia lista de estudios sobre el impacto y el duelo que experimentaron los migrantes de la era soviética o de países africanos u orientales por los cambios de nombre y apellidos con que favorecer su asimilación en Occidente o en países en desarrollo. A mí no me ha hecho falta emigrar de ninguna parte para entender que las puertas de la prosperidad se abren con más fuerza si copias las formas de aquellos en los que te reflejas. Antes de comprarse una americana para las reuniones, una se maquilla el nombre. El apellido se corrige como se rectifican los dientes de pobre.

Cuando empecé a cobrar por pieza ya sabía que eso era algo habitual si querías un Óscar. Que Natalie Portman (Neta-Lee Hershlag de nacimiento) o Winona Ryder (Winona Laura Horowitz) transformaron sus nombres porque sonaban «demasiado judíos», y Jennifer Aniston se deshizo de su (genial) Anastassakis por pasarse de ascendencia griega. Lo que no imaginaba es que también yo, en mi propia carrera profesional, acabaría entendiendo que para hacerse un hueco conviene no aterrizar con un nombre corriente.

Mentiría si digo que firmo como Noelia Ramírez a modo de reivindicación política contra una cultura esnob, o porque mi nombre describe mi misión en la vida, como proclaman ahora todos esos valientes actores alérgicos al *passing* de raza. Me encantaría, de verdad. Podría ser tan hermoso como cuando la escritora bell hooks (nacida Gloria Jean Watkins) decidió cambiarse el nombre y ponerse otro en minúsculas porque «mayúsculas deben ser las ideas». Mi decisión, simplemente, fue por falta de astucia.

Podría haber añadido mi segundo apellido a mi firma, como he fantaseado a veces. O haber borrado de mi identidad la supuesta vulgaridad que desprende Ramírez. Podría haber sido Noelia Montes. Podría haberme tirado el pisto de la buena feminista y proclamar ante el mundo que escogía Montes como homenaje a la invisibilidad de una madre que se pasó media vida limpiando. No fui tan lista, así que veintipico años después, aquí me tenéis, contestando correos de trabajo con el Ramírez a secas, y viendo cómo recomienda mis textos gente empeñada en llamarme Noelia Martínez o Noelia Rodríguez. Acumulando notificaciones en el teléfono porque más a menudo de lo que me gustaría alguien se confunde y cree estar mencionando a la Noelia Ramírez buenorra, la modelo latina con tremenda delantera que te enseña Google al teclear mi nombre en el buscador.

HAZ COMO SI

> Olvidé mi antiguo lenguaje, solo hablo ya el de ustedes.
>
> Eliza Doolittle en *My Fair Lady*

Durante años hice del «haz como si...» –si lo hubieras leído, si lo hubieras visto, si siempre lo hubieses vestido, si ya lo supieras, si no te sorprendiera– mi ritual para la pertenencia. Ese máster en conducta me lo saqué a la par que mi primera carrera. El pedigrí de «las que venimos de pobre»[1] debería ser motivo de or-

1. Aquí en el sentido en el que la investigadora y escritora Brigitte Vasallo hace suya la expresión para nombrar a aquellas que estamos «a una generación o dos de la miseria» y he-

gullo, pero sería hipócrita negar que el asco a nuestras iguales golpea más duro si te adoctrinas en disimular.

Mi infancia barcelonesa la marcaron mis amigas hijas de migrantes españoles. En mi adolescencia se sumaron las hijas de marroquíes o chilenos que llegaron al extrarradio de la ciudad en los noventa y que estudiaron conmigo en un colegio y un instituto públicos. De ahí pasé a un centro universitario privado, la Facultad de Comunicación Blanquerna de la Universitat Ramon Llull, en la que compartí pasillos con hijos de médicos, de políticos, de periodistas o de escritores superventas. No todos eran millonarios ni tenían apellidos premiados con la Creu de Sant Jordi. Allí también acudía la prole de trabajadores cualificados o de pequeños empresarios a escasas generaciones de la pobreza y con los que, para sorpresa de nadie, siempre me sentí más cómoda. De las conversaciones en la plaza del barrio sobre el menudeo

---

mos sido «enculturizadas en el hambre». Las que sabemos que «si la cagas a lo grande no tienes una madre abogada para sacarte del lío ni contactos para puertas giratorias, ni que sean de pacotilla, ni un apellido del que tirar buenamente ni una casa familiar a la que volver si la cosa se pone dura ni una herencia de la abuela que saca de un apuro». Brigitte Vasallo, *Lenguaje inclusivo y exclusión de clase*, Madrid, Larousse, 2021.

de drogas pasé a un centro en el que posadolescentes que venían de casas de más de doscientos metros cuadrados y escaleras de mármol se hacían los interesantes y los alternativos mientras sus padres les pagaban las drogas y la carrera. Por supuesto, esa brecha me importó entre poco y nada e hice todo lo que estuvo en mi mano por convertirme en su alma gemela.

Mi familia fue una más de las que se instaló en el Baix Llobregat en los setenta buscándose la vida. Llegaba de Valdemanco del Esteras (Ciudad Real), un pueblo que se vació al emigrar toda una generación de jóvenes.[1] Mis padres abandonaron la ganadería –cabras y ovejas– y el cultivo de olivos en los confines de Castilla-La Mancha para convertirse en la mano de obra industrial más barata de Barcelona. Como mis otros tíos, y la mayoría de los

1. Fruto de ese exilio rural, ahora no llega a los doscientos habitantes censados y está fatalmente destinado a convertirse en pueblo fantasma. Así se desprende de un estudio de 2019 de la Universidad de Castilla-La Mancha encargado por la Diputación de Ciudad Real, en el que se manejaron dieciocho millones de datos. La investigación analiza el comportamiento de la población de toda la provincia entre los años 1997 y 2017 a partir de 113 variables, municipio por municipio, midiendo y cruzando la población, el tejido empresarial, el presupuesto y la deuda municipal o las infraestructuras. En el estudio, Valdemanco era el municipio más afectado de todos y el más condenado a desaparecer.

jóvenes migrantes de los pueblos colindantes, se instalaron en un antiguo descampado en el que se habían levantado bloques de protección oficial franquista: Can Vidalet, en el municipio de Esplugues de Llobregat. Eso implicaba que casi todos mis primos y amigos del barrio formaban parte, además, de mi grupo de colegas en vacaciones. En verano nos seguíamos viendo, solo que a ochocientos kilómetros de nuestra plaza, bebiendo minis en los callejones traseros de la verbena de turno, esperando a que los ecos de los pasodobles se diluyeran.

Mi padre consiguió un puesto indefinido en la fábrica de cocinas Benavent, con un sueldo de veinte mil pesetas al mes y vacaciones pagadas. Contagiado de la euforia de la época se unió a la lucha sindical,[1] y prosperó en esa explosión de solidaridad obrera pidiendo dinero en autobuses de línea para las cajas de resistencia de sus huelgas junto a otros obreros que, mira por dónde, jamás cuestionaron

1. Afiliado a CC. OO., como buena parte de los obreros del Baix Llobregat. Aunque mi padre no vivió los paros de 1973 que encendieron la mecha de la lucha sindical que revolucionó la zona, sí recuerda la huelga de cuarenta días en solidaridad con el despido de Forlasa, que paralizó la comarca durante ciento cincuenta días.

la desigualdad de puertas adentro de sus casas, donde siempre los recibían con un plato en la mesa. Cuando pasó a la fábrica Braun de Esplugues –en la que permaneció veintitrés años, hasta que en 2006, a los cincuenta y ocho, lo prejubilaron por cierre de planta–, optó por trabajar en el turno de noche en la cadena de montaje de planchas y así cobrar más. Yo ignoraba qué hacía cuando se marchaba cada noche a las nueve clavadas y se ponía aquel mono azul que llevaba en la mochila, pero eso convertía nuestro piso de sesenta metros en un santuario de silencio por las mañanas, hasta que yo volvía del colegio, él se despertaba y almorzábamos juntos.

¿Cómo puede pagarse una hija de obreros una carrera en un centro privado donde solo la matrícula alcanzaba los tres mil euros? Trabajé y estuve becada por buenas notas. Pero si lo logré fue gracias al empujón financiero de mi madre. No pisó un colegio en su vida, y aprendió a leer y escribir de niña gracias a que un pastor de cabras le enseñó mientras cuidaba el ganado de otros, pero fue ella la que, durante varios años clave, más ingresó en casa. Había sido gobernanta de un hotel residencia de ancianos en la zona alta de Barcelona hasta que la compañía cambió de dueño y echaron a casi todas las trabajadoras. Como la mayoría de mis tías, pasó el resto de su vida laboral cobrando en negro como limpiadora y organizando la vida de otras familias que vivían por encima de la Diagonal. Cuidar durante años por las noches a una de las ancianas que conocía de aquella residencia de lujo implicó que, durante prácticamente toda mi adolescencia, mi madre solo pasara por casa tres horas al día para dejarnos la cena preparada.

Frente a la ansiedad constante de no permitirme suspender ninguna asignatura –el Erasmus, de ricas, ni siquiera se me pasó por la cabeza–, me sorprendió cómo dentro de aquel edificio universitario del Raval nadie, bajo ningún concepto, hablase de dinero. Nunca se mencionaba. No hacía falta. Su rastro siempre estaba presente: lo veías en las marcas de su ropa sin importar a qué subcultura jugaran (siempre vestían las más caras), lo notabas en el brillo de sus mechas californianas, lo percibías en el eco de los tacones de las chicas huesudas de Relaciones Públicas y en las expresiones de hastío por ir de vacaciones familiares a islas remotas. Irónicamente, muchos disimulaban como yo, pero a la inversa. Disfrazaban el origen con su aspecto. No les salía. Hasta sus rastas de okupa desprendían un aroma perfecto.

En aquel territorio en el que la cuenta corriente familiar se ignoraba, la sofisticación cultural, la ropa y los peinados eran los marcadores de identidad. Se debía escuchar la música correcta (absolutamente nada que radiara Los 40). Leer los libros de misóginos torturados que iban de marginados (se idolatraba el malditismo de Henry Miller o Jack Kerouac, se ignoraba deliberadamente a Anaïs Nin o Diane di Prima). Había que ver las películas adecuadas y obsesionarse con el director de turno que cosificase a la actriz fetiche de la época pero bajo una estética pulcra, sublimadora y confusa, que no todo el mundo entendiera. Las artistas nunca importaban. Nadie nos habló de Chantal Akerman ni de Agnès Varda ni de Barbara Loden, pero venerábamos las pelis de John Cassavetes, sabíamos qué cuadrilla masculina había integrado la Nouvelle Vague y analizamos plano a plano *El acorazado Potemkin*. A las mujeres, más allá de como musas con un buen flequillo y eyeliner en las pelis francesas, no se las contemplaba en clase ni fuera de ella, aunque Sofia Coppola empezaba ya a despuntar en las conversaciones y se copiaba su estética. La experiencia heterosexual masculina era el centro del universo. No se planteaba otro punto de vista. Todos aspiraban a ser el próximo Tarantino y elogiaban a Kurosawa sin haber visto más allá de *Dersu Uzala*. Los guiones sobre los que trabajábamos solían ahondar en la asfixia masculina y los protagonizaban hombres heteros blancos con alma de perdedor o pulsiones suicidas sin motivo aparente. Todo eso pasaba mientras seguía viviendo con mis padres. Si sobreviví en ese ecosistema, travestida, fue gracias al P2P de mi ordenador y a las bibliotecas. Bendita piratería.

Cuando has crecido sin vinilos de los Beatles pero con casetes de gasolinera, cuando en tu casa el hueco de la librería del comedor solo se llenaba con enciclopedias, la llegada de un internet libre de muros de pago podía salvar tu asimilación cultural. Conectaba el router, y sus pitidos molestos daban vía libre a las referencias de las que hablaban en el bar de la facultad. Fue una de las épocas más electrizantes para mi cerebro: la Red era un campo lleno de posibilidades, todo cabía en mi ordenador, ahí estaban todas las respuestas que me permitían ganar puntos en la conversación. Haz como si te conmoviera la crudeza de la escena del mono de heroína en *Yo, Cristina F.*, aunque de niña evitaras con repugnancia el descampado infestado de jeringuillas debajo de tu ventana. Haz como si tú también escucharas a Camela o a Los Chichos irónicamente, y no como la banda sonora de tu adolescencia.

«Escribiré para vengar a mi raza», dijo la escritora Annie Ernaux en su discurso al recoger el Premio Nobel de Literatura. La frase, una de las que más se destacó en los titulares de prensa tras la entrega, es la misma que había escrito en su diario a los veintidós años, inspirada por aquel «Soy de raza inferior por toda la eternidad» de Rimbaud, que leyó mientras estudiaba Letras Modernas en una universidad de provincias rodeada de hijos de la burguesía local. Aunque me emocionó inicialmente aquella reivindicación de los orígenes, yo no siento que escriba por revancha. Mi trayectoria como intrusa en una esfera que no parecía hecha para los míos podría verse como una traición de clase, pero yo he aprendido a ver el desclasamiento como un viaje de ida y vuelta. Uno que sabe que sin vergüenza no hay orgullo, y sin orgullo no hay nuevo discurso.

Soy capaz de codificar la disciplina que la academia y el sistema cultural me han impuesto. Pero sin ese camino no sería la persona que soy. Empecé escribiendo textos recargados, llenos de palabras esdrújulas y rimbombantes, párrafos que en mi casa no entenderían, porque así hacía como si no viniera del descampado de las jeringuillas. «Qué raro escribes», me dijo mi hermana. Ya no hago como si lo supiera todo. Si alguien habla de un tema que desconozco, lo digo. Si no entiendo alguna cosa, lo digo. Y si algo me gusta y me sorprende, por simple u ordinario que parezca, lo digo. La honestidad es más valiente que el cinismo.

Como Brigitte Vasallo hizo con Owen Jones, cuando leo a alguien que me interesa, yo también googleo su foto e investigo si su apellido tiene enlace azul en la Wikipedia. Como ella, «busco si viene de donde vengo yo, para reforzar algo en mí».[1] Si te has graduado con nota en el arte de aparentar, te conviertes en la mejor caladora del personal. Aprendes que no existe la meritocracia. Entiendes que si has conseguido hacerte un hueco escribiendo, incluso este texto, no es porque seas única y especial: es

1. Brigitte Vasallo, *Lenguaje inclusivo y exclusión de clase*, *op. cit.*

porque en su día tuviste y sigues teniendo la cadena de contactos de la gente adecuada en los lugares adecuados. Te enfrentas a tus padres para hacerles ver que el evangelio de la cultura del esfuerzo es un bluf. No te escuchan, pero algo intuyen cuando ven que, aunque firmes portadas con entrevistas a actrices de Hollywood, sigues en tu piso de alquiler.

Más que a una traición de clase, este trayecto de ida y vuelta de las eternas forasteras nos empuja a la emancipación. Empezamos sacudiéndonos el barro del descampado y acabamos volviendo atrás como arqueólogas a la búsqueda de tesoros borrados. Nuestra toma de conciencia no sería posible si no nos hubieran obligado a desarrollar una visión periférica, un disfraz primigenio. Entendemos que nos hemos introducido en este mundo por astutas y sin haber sido admitidas de antemano. Pero resistimos y sobrevivimos apropiándonos de su belleza. Aprendemos a soltar el acento de la sofisticación impostada para abrazar otra lengua, más valiente, más libre, más bastarda. Una que más que margen, por qué no, sea un nuevo centro.

Vergüenza

> La vergüenza es una emoción asociada a la moral y a la conciencia. A la censura, a la mirada ajena, a la duda de si una es digna de ser querida. Su símbolo es la mancha, aquella que no se puede limpiar y que es objeto de todas las miradas.
>
> EIDER RODRÍGUEZ,
> *Material de construcción*

«Al huevo no le gusta la cáscara.» Sé por la abuela de la escritora Elif Batuman que existe un dicho turco para señalar a las personas que tratan de distanciarse de sus orígenes. No soy aficionada a memorizar paremias, pero esta se me quedó grabada: por retratarme y por desbloquear el recuerdo de la primera vez que quise ser un huevo pelado.

Sexto de EGB en el CEIP Joan Maragall de Esplugues de Llobregat. Llevaba aparato dental y visitaba (demasiado para mi gusto) el hospital universitario de Bellvitge para que completase sus prácticas, corrigiendo mi mandíbula caballuna, Cris, una simpática veinteañera con pelo a lo tazón de la zona alta de Barcelona. Que una estudiante de Odontología sin experiencia profesional ensanchase mi arco dental durante cuatro años a un precio de risa fue un plan sin fisuras para una familia espartana como la mía, más interesada en ahorrar que en empatizar con mi umbral del dolor. La mayoría de las veces me escabullía de clase con una nota firmada, pero, un jueves, mi padre abrió la puerta de mi refugio académico y dijo:

–Buenos días, tengo que llevarme a Noelia al *dientista*.

Una carcajada cruel explotó en el aula. Casi todos éramos hijos de parejas de migrantes andaluces, extremeños y manchegos. Diría que el 98 por ciento lo éramos de obreros y limpiadoras, pero todos fuimos precoces en el arte de la superioridad. Algunas chicas no habían tenido aún su primera regla, pero ya se burlaban de la ignorancia de *los otros*, como si en su casa nadie se comiera una *d* y una *a* al llamarlas «espabilás».

Mi padre me recogió como si nada, ajeno a su desliz léxico. Aquella jarana de risas burlonas sería cosa de críos idiotas de doce años, nerviosos por la presencia de un adulto. Lo estaban. Pero también formaban parte de un ejército de pequeños tiranos, los últimos consentidos del estado del bienestar. Esos hijos de los ochenta a los que nos prometieron un reino por méritos y nos instruyeron para ser arribistas, respetables pero hipócritas con nuestras raíces, prestos a desconfiar de los marginados y los pobres *de verdad*. Nadie lo había apuntado en la pizarra, pero ya intuíamos que para medrar teníamos que camuflar nuestros orígenes con mucho complejo y poca conciencia de clase.

Darwin escribió que «cuando se experimenta una sensación profunda de vergüenza, existe el deseo poderoso de ocultarse». Si el bochorno nos pide escondernos es porque nos sentimos expuestos. Una persona avergonzada difícilmente soporta mirar a los demás a los ojos. En aquella epifanía de clase, rodeada de los míos, recuerdo no levantar la vista del suelo de camino al coche, y una vez dentro, no ofrecerle a mi padre nada más que un primer plano de mi nuca mientras conducía a la revisión dental.

Dientista, *gomitar*, *asín*... Me he pasado media vida corrigiendo las palabras de mis padres. Ya no lo hago. Hubo un momento, hace unos años, en que decidí dejar de insistir en algo que ya no me resulta irritante. Pero antes de eso, cuando les reprendía por su forma de hablar, resoplaba rabiosa al marcar las palabras correctas. Lo hacía despacito y hastiada, como si estuviese enseñando a bebés a vocalizar: «d*eee*n-tis-ta», «*vvvv*o-mi-tar», «a-s*ííí*». Lo pronunciaba con retintín, sintiéndome la más lista desde el asiento de atrás de nuestro Peugeot 405, avergonzada de su incultura y de tener que verme en una secuencia cutre de una españolada.

Cuando me recuerdo corrigiendo a mis padres, me encojo por un instante, imaginando qué pensarían quienes pasaron años pelándome la fruta del postre. Pero si destaco este episodio de desdén preadolescente es porque la vergüenza por desclasamiento sirve para construir el orgullo, para reivindicar la dignidad nacida de la humillación. Aferrarse a esa vergüenza no implica que no estemos orgullosas de nuestras historias, más bien indica que hemos pasado de la vulnerabilidad a la honra: un tránsito necesario para acariciar eso que llaman amor propio; a las agallas morales que, como dijo Joan Didion, nos dan una paz distinta al resto. El viaje vergonzoso es nuestra reconciliación privada con nosotras mismas, lejos del juicio de la mirada de los otros. A eso, antes, lo llamaban carácter.

Mientras escribía esto, wasapeé a mi grupo de amigas del barrio, con las que sigo en contacto de forma frenética pese a las múltiples interferencias y distancias que nos separan en nuestra rutina diaria. Ninguna de nosotras sigue viviendo allí, ya sea por amor, por trabajo o por falta de ganas. Estamos repartidas desde Nagoya (Japón) a Santa Brígida (Gran Canaria). En esta ocasión les conté el episodio del *dientista* y les pregunté en qué momento se sintieron como yo en aquella aula. No todas contestaron.

Jess me dijo que le pasaba exactamente lo mismo que a mí: «Mi madre de esas tiene mil: *occión* (en vez de *opción*), *tótsico* (en vez de *tóxico*). Pero la verdad es que, como no me muevo en ambientes muy pijos, no recuerdo haber sentido vergüenza con otras personas. Yo siempre digo que soy de Can Vidalet, un barrio obrero. Conciencia de clase siempre», tecleó.

A las desclasadas, a las que erróneamente nos llaman tránsfugas de clase porque no huimos de nada, sino que seguimos obedientemente el camino que nos marcaron, nos sobran anécdotas. Se quedan ahí, en la trastienda que visitamos ansiosas en nuestras noches en vela. Podría describir en tres mil palabras la textura, el sabor y el aspecto del riquísimo arroz que, no hace tanto, tuve que apartar en un chiringuito de playa en medio de un cumpleaños cuando me llegó una captura de un tuit de una hija-de-alguien-de-la-cultura burlándose de la supuesta ignorancia de uno de mis artículos en *El País*. No importa el tiempo que pase, siempre vuelven esas risas burlonas y agudas como en aquella clase de sexto.

El momento en el que nos sentimos desenmascaradas, eternas impostoras de lo nuestro, se nos imprime a fuego en el cerebro. Dice la académica Sara Ahmed que eso que sentimos es un proceso crucial para la sanación y la reconciliación con las heridas del pasado.[1] La vergüenza es perturbadora, pero sirve para exponer y ocultar ciertas lesiones a los demás.

1. Sara Ahmed, *La política cultural de las emociones*, Ciudad de México, UNAM, 2018. Traducción del inglés de Cecilia Olivares Mansuy, Julia Constantino Reyes y Pedro Enrique Armendares.

En español, *vergüenza* viene del latín *verecundia*, a su vez de *verecundus* (modesto), derivado de *vereri* (honrar) y, en última instancia, del protoindoeuropeo **u̯er-* (mirar). La mirada, el honor y el decoro, aquí, van cogidos de la mano. En inglés, la palabra *shame* (vergüenza) viene del verbo indoeuropeo que significa «cubrir», que asocia la vergüenza con palabras como *esconder*, *custodia*, *choza* o *casa*. Supongo que por eso queremos cubrirnos, enterrarnos vivas, cuando la experimentamos. Algo nos ha delatado, nos ha expuesto.

Con la vergüenza por desclasamiento pasa como cuando movemos un tiesto en una terraza. Mientras está en su sitio, todo está bien, pero tan pronto lo cambiemos de posición para captar mejores rayos de sol, dejará a la vista el cerco y el espacio que siempre ocupó. Y cuando alguien señala la huella de la que saliste, asumes que tu espacio nuevo no te pertenece. Ese nunca será tu sitio.

Esto que experimentamos las desclasadas no es un mal sentimiento. Una no debe sentirse culpable o verse como una traidora. La culpa es un castigo por una ofensa, por violar las reglas; la vergüenza es un viaje hacia una misma. Las veces que me he sentido humillada por mi origen han servido para construirme. De esa rabia y esa impotencia, de esa herida, aunque escueza, han nacido mis mejores ideas.

Más que martirizarme por supuestos actos de traición a mi clase que nunca lo fueron, con el tiempo he aprendido a recolectar brotes vergonzosos para coser un patchwork, una especie de bandera blanca que me ondeo a mí misma para calmar los calambres de remordimiento. Entendí que no era una malcriada egoísta y la excepción entre los míos cuando leí que Annie Ernaux también regañaba a su padre por decir «j'avions» (yo teníamos) o «j'étions» (yo éramos). Cuando supe que Eider Rodríguez también corregía la *ciarrosis* en la que se empeñaban sus padres.[1] Cuando Bibiana Collado Cabrera contó cómo a los hijos de andaluces en Castellón los llamaban los *chamó y ques*[2]

1. Eider Rodríguez, *Material de construcción*, Barcelona, Random House, 2023.

2. «Un modo erróneo y ridículo de traducir *jamón y queso* al valenciano, una equivocación habitual entre los que conocen poco la lengua y no dominan el léxico. La forma correcta de decirlo sería *pernil i formatge*», escribe Bibiana Collado Cabrera en *Yeguas exhaustas*, Logroño, Pepitas de Calabaza, 2022.

y «lo increíblemente difícil que es explicar la vergüenza que me producía hablar en valenciano y de dónde nacía esa parálisis». No estoy sola. Lo sé porque otras se atrevieron a salir del silencio.

Las que crecimos en la esfera digital, sin importar nuestra cuna, aprendimos a manejar la vergüenza de otra manera. Si podemos abrazarla y resignificarla es porque la vergüenza es la gasolina de internet. Es ahí donde vemos sin ser vistas, donde todo vibra a través de ese sentimiento. Está la vergüenza por tener opiniones erróneas; vergüenza por no ser tan carismática como las demás, por no tener su cuerpo, su pelo, su casa; vergüenza por leer los comentarios a tus textos; vergüenza por no saberlo todo; vergüenza por pasar demasiado tiempo en internet. Como apunta el editor de *The Hinternet*, Sam Jennings, «detrás de la máscara de cada troll hay un caldero hirviendo de vergüenza. Detrás de cada hilo de Twitter está el baño de ácido narcisista de la vergüenza de publicar en el muro. Puede que esté escondido fuera de la vista o canalizado hacia el odio, pero sigue siendo el combustible que hace que todo funcione. Internet es un infierno ardiente de extraños vergonzosos, cada uno de los cuales busca una guía para transitar su vergüenza».[1]

Lo sabe hasta Rosalía, que nos animó a no tener miedo a la policía del *cringe*,[2] esa que reparte carnets de repelús porque en el juego de las redes todas hemos asumido que, a lo que se va, además de a venderse, es a dar grima: «La gente que llega a conseguir lo que quiere, la gente *who makes it*, da *cringe*».[3] Para triunfar, vergüencita de ida y vuelta. Y para vivir, también. La cáscara nos irrita, sí, pero también sirve para endurecernos. De la vergüenza nace nuestra resistencia.

1. Sam Jennings en «Donald Trump and Honor Levy and Sally Rooney and Stephen Sondheim and Me», una de las entradas de su *substack Vita Contemplativa*.

2. En castellano, este anglicismo se traduciría como una mezcla de grima, repelús, sonrojo y vergüenza ajena. Cuando alguien o algo te da *cringe* se te encoge el cuerpo.

3. Lo dijo en el pódcast *La pija y la quinqui* («Despechás», t. 01, ep. 27).

Carismática

> Cuando mi madre trabajaba de secretaria, las otras chicas de la oficina miraban por la ventana y se fijaban en las chicas obreras de la calle de abajo, e intentaban descubrir cuál era la señal que las muchachas daban a los hombres que pasaban, lo que hacía que estos dieran media vuelta y las siguieran.
>
> TRACEY THORN,
> *Otro planeta: memorias de una adolescente en el extrarradio*

LA PARADOJA DE LA ADELANTADA

Lo llamábamos «el Viejo». Nunca retuvimos su nombre de pila. Su piso se veía desde la ventana del cuarto de mis padres y del de mi hermana. A veces miraba hacia su balcón, hipnotizada, pensando qué quinceañeras habrían subido en ese momento a su casa. Qué les habría ofrecido para engatusarlas. Si allí dentro estarían bebiendo roncolas o haciéndose rayas un domingo a las doce de la mañana.

El Viejo era un cincuentón bajito, barrigón y mal teñido. Solía ir acompañado por una fumadora silenciosa de su misma edad, con pinta de haber perdido todas sus apuestas, que nos esquivaba la mirada. Aquella pareja tragicómica siempre aparecía cargada de sustancias. Él tenía predilección por nosotras, las precoces del barrio. Había desarrollado un detector infalible del rastro de nuestro pelo planchado como una camisa sobre la tabla. No importaba si estábamos en una terraza tomando algo o fumando en la esquina más escondida de la plaza. El Viejo detectaba nuestras barrigas al aire a medio kilómetro de distancia. Hablaba poco, pero tenía de todo. En cuanto aparecía, yo me iba. Su aliento pastoso me daba arcadas. No es que fuese más avispada que el resto. Conozco a chavalas listísimas que se jactaban de timar al Viejo y meterse de todo, juraban, a cambio de nada. Se saltaban las clases del instituto para subir a tripar a su casa.

Oculté a mis padres lo adelantada que estaba mi adolescencia. Entre las paredes de nuestro noveno piso siempre fui la buena estudiante, la lectora y la ejemplar delegada de clase, con notables en historia y dieces en griego. La que limpiaba el polvo y el baño cada sábado por la mañana para vivir la calle sin restricciones.

Empecé a fumar cigarrillos y hachís a los trece, probé el LSD a los catorce en una discoteca de tarde junto al Camp Nou y me magreaba por los parques y las porterías oscuras del barrio con cualquier idiota que me hiciera un poco de caso. Mis amigas y yo nos entregamos sin resistencia a esa causa perdida. A finales de los noventa, las chicas huérfanas de 8 de marzo forjábamos nuestros vínculos mirando embobadas a los tíos hacer cosas. Ellos simulaban que nos ignoraban mientras recitaban de memoria los diálogos de *El Padrino* apiñados en un banco. La violencia, verbal y física, lo impregnaba todo con una carga altamente erótica. Sentías su energía caótica lista para explotar en la puerta del instituto, en las colas de los pubs y, especialmente, cuando salías en grupo. De adolescente, viví la resaca de aquellas noticias que impactaron en el telediario cuando era niña, sobre las palizas de muerte a travestis (Sonia Rescalvo) o los crímenes racistas (Lucrecia Pérez). Los ultras del fútbol, hooligans neonazis cuyos nombres no dejaban de sonar en sus conversaciones, eran el espejo en el que los chicos querían reflejarse. No solo ellos se pegaban, las chicas también lo hacían. Unas quedaban en descampados para zanjar unos cuernos, otras te arrancaban mechones de pelo porque querían tus bambas. La tensión era omnipresente. Fue la época de los *pelaos*. La época en que todas fuimos fotocopias con las nucas rapadas. Entre las chicas se estilaban las chaquetas ultraentalladas y cortas, con bolsillos altos que nos obligaban a subir los codos en un gesto tan estúpido como definitorio sobre qué lugar ocupábamos en el mundo. Llevábamos los labios perfilados y eyeliners de raya blanca. Vestíamos bombers minúsculas de Alpha Industries, sudaderas Lonsdale, polos Fred Perry y calzábamos *loafers* (nunca mocasines). Prendas que, si eras lista y no querías salir escaldada, jamás sacabas del barrio. En la calle jugábamos a parecer chungas; en casa, seguíamos siendo santas.

Para ellos, la violencia era homoerótica. Los chicos se exhibían y se buscaban. En grupo, ansiaban la aprobación de los demás, jamás la nuestra, para reafirmarse. Se les veía menos nerviosos cuando se sobaban entre ellos, apelándose con insultos homófobos como código amoroso, que cuando les tocaba, a solas, meternos mano a alguna de nosotras. De fiesta, solían acabar a puñetazos o botellazos con los tíos de otros barrios, gemelos de pelo y ropa. La pista de los clubs que visitábamos era como una partida de Risk encubierta. El espacio estaba delimitado y todas las esquinas repartidas. Reducidas siempre a comparsa, las chicas nos convertíamos en escudos humanos. Terminábamos desesperadas y agotadas de separarlos y calmarlos, casi siempre llorando, hartas pero excitadas pese a vernos atrapadas en ese bucle cada fin de semana.

Aprender a desapegarnos de los chicos no fue fácil. Apenas hablábamos entre nosotras si ellos estaban delante. De crías, cuando nos quedábamos *solas*, les gastábamos el nombre, embriagadas por un romanticismo infantil. Grabábamos sus iniciales junto a las nuestras en las mesas. Escribíamos rimas cursis en las carpetas. Andábamos yonquis perdidas por esos escasos momentos de intimidad en los que desprendían un interés verdadero.

Nuestras amigas y yo nos enganchamos a los afters gais que eclosionaron en Barcelona y el Baix Llobregat entre finales de los noventa y principios de los dos mil. Hablo de locales en los que convivían *pelaos*, fiesteros y gais en la pista. Las chicas vivíamos por nuestras escapadas al Souvenir de Viladecans, al Lokotron del Poblenou o La Madame de plaza Urquinaona. Esa era nuestra ruta predilecta desde el domingo por la mañana hasta el lunes de madrugada. Abandonamos aquella zona delimitada por los chicos del barrio y volamos solas. Nos adentrábamos hacia el centro de la pista, donde sentíamos que por primera vez podíamos bailar tranquilas, liberadas, gozando de nuestra evasión con otros hombres que no buscaban absolutamente nada porque nuestros escotes no les interesaban. Recuerdo que el día que cayeron las Torres Gemelas de Nueva York, festivo en Barcelona, mi amiga Vane y yo decidimos despegarnos del televisor e irnos a La Madame a bailar porque si se acababa el mundo queríamos que nos pillara de fiesta. Dimos volteretas en las barras de una pista semivacía e hicimos el pino en las paredes hasta las tantas de la madrugada. En aquellos garitos con cuartos oscuros y ositos vestidos de látex, en los que nos acogieron como si fuéramos unas sobrinas perdidas, fue donde comenzamos nuestro camino a la emancipación.

Toda esa efervescencia hormonal obsesionada con descodificar las señales del deseo masculino –nunca nos preguntamos qué necesitábamos o qué nos convenía a nosotras– convivía con las políticas de respetabilidad que se inoculan desde niñas a las mujeres. Pasa, de forma más acentuada y transformadora, entre las de clase trabajadora. En el barrio no hacía falta ser sexualmente precoz para que todo el mundo entendiese que estabas buscando o provocando problemas. No se trataba de llevar la falda corta, el tanga asomando por el pantalón o la raya del ojo demasiado marcada. Estar en la pubertad ya era, de por sí, una señal de alarma.

Creo que la paranoia patriarcal de la chica respetable, para esquivar la vergüenza y la deshonra, golpea con más intensidad la experiencia femenina en los entornos de supremacía hipermasculina y exaltación de los vínculos familiares. Allí la dualidad del complejo de virgen/puta es la única lógica posible. No nos entraba en el temario, pero nos dejaron claro que solo a las chicas buenas les llegaban cosas buenas, y que las adelantadas tendrían la culpa de lo que les pasara. Como M., la chica más explosiva del barrio, a quien le crecieron los pechos a los doce años y a los quince dejaron de ver en clase porque se quedó embarazada. Historias como aquella eran nuestras moralejas, las pesadillas de un futuro estancado que nos aleccionaba y coartaba. Algo habrían hecho para sufrir esa condena. Nadie se planteaba pedir responsabilidades a todos esos chicos y adultos que se aprovechaban de aquellas crías demasiado provocativas a sus ojos. La culpa siempre recaía en esas chavalas supuestamente precoces, como si estuvieran predestinadas a la fatalidad en la que quedaban atrapadas.

Jamás pensé en la condena de las adelantadas hasta que topé con el hashtag #FastTailedGirls. En diciembre de 2013, cuatro años antes del #MeToo, lo popularizaron la ensayista y crítica cultural Mikki Kendall y la periodista Jamie Nesbitt Golden desde su cuenta interseccional @hoodfeminism. Todo empezó con su réplica a un tuit desafortunado de la actriz birracial Rashida Jones en el que acusaba a Miley Cyrus de emular a las prostitutas –«stopactinglikewhores», dijo–, pero la etiqueta acabó convirtiéndose en una de las primeras llamadas a la acción para airear los prejuicios de un rancio feminismo burgués. Las activistas recordaron que entre el 40 y el 60 por ciento de las niñas negras sufren abusos antes de los dieciocho años. Su campaña propagó un activismo por la igualdad que hasta entonces se había visto incapaz de integrar las cuestiones de raza, clase y orientación sexual. #FastTailedGirls sirvió para recordar a todas las mujeres que los prejuicios sexuales son mucho más depredadores entre las no blancas y no privilegiadas; que en ellas se inocula la idea de que *los chicos son así*, hagan lo que hagan, pero las chicas son unas guarras.

Es curioso que toda esta asfixia pacata cristalizara en un imán de deseo con mi desclasamiento. Yo, esa chica que sabía que no debía pasarse de la raya en el barrio, me convertí de repente en un fetiche sexual para los hombres con los que me relacionaba a ocho paradas de metro de casa. Como el Viejo en su día, parecía que los de la zona alta nos olieran a distancia; como si solo a nosotras, como en *Jamón, jamón*, nos supiesen las tetas a tortilla de patatas. Comprendí que la energía que desprendía mi origen era un talismán para los turistas de la precariedad. Hablo de esos pijos que se fascinaban contigo un rato, se esforzaban durante unos días y luego, sin explicaciones, desaparecían en cuanto lo conseguían. Esos que intuías que jamás te convertirían en material digno. Ahora todos tienen hijos con las chicas que conocían de su cuadrilla o de veranear en su tercera residencia.

Por culpa de dos décimas me quedé sin estudiar Periodismo en la universidad pública, así que tras debatirlo con mis padres decidí estudiar Comunicación Audiovisual en un centro privado. Mi padre estaba orgulloso de que tuviese claro un futuro académico. Progresista, sindicalista y proaborto, me rogó no presentarle a ninguno de mis novios hasta que estuviera convencida. «Haz lo que quieras, pero jamás dependas de un hombre», me repitió sin descanso durante años. Mi madre, que jamás sacó un tema político en la sobremesa, se emocionó: quizá allí encontraría un marido rico.

En casa había que cumplir si se querían tener las puertas abiertas. Trabajé desde los dieciséis años. Fui vendedora en conciertos en estadios, azafata de congresos, trabajé durante incontables campañas de Navidad en El Corte Inglés. Conducía el Ford Fiesta sin dirección asistida que había heredado de mi hermana desde pubs del Garraf hasta bares del Eixample o discotecas del Maresme cada viernes y sábado noche para regalar camisetas o cámaras desechables a los clientes que consumieran ciertas bebidas alcohólicas. En mi peor época, en la que compaginaba las clases con las prácticas, fui dependienta en una tienda de ropa veinte horas cada fin de semana, de las diez de la mañana a las diez de la noche, en un centro comercial asfixiante pero con vistas al mar, para mayor tortura. Asumía esas responsabilidades que no tuvo casi ninguno de mis compañeros de clase mientras, ante mí, se abría un universo de posibilidades sexuales.

Me embelesé con todos esos proyectos de hombre tan chiquillos como los muchachos con los que me había criado. Eran afectados, autoindulgentes, se creían salvajes sin haberse metido jamás, de verdad, en un lío. Leían a Nietzsche, a Bukowski o a los de la generación *beat*. Hablaban de cine coreano y escuchaban desde tecno alemán a Los Planetas. Supongo que los exoticé en mi cabeza tanto como ellos a mí. Me obsesioné por su esencia. Escuchaba en bucle a sus grupos favoritos. Apuntaba mentalmente las palabras clave que repetían. Títulos de películas, marcas de ropa, museos de ciudades a las que nunca había viajado. Me vestía pensando en cómo me verían si me los cruzaba por los pasillos y soñaba despierta con las conversaciones que mantendríamos.

Ahora me produce entre pena y espanto, pero mi educación sentimental la construyeron todos esos veinteañeros que se creían alternativos.

Cuando abandoné la casa de mis padres dejé plantadas en las estanterías a las pocas autoras que había leído en mi juventud para llevarme solo *Trópico de Cáncer, El almuerzo desnudo, El club de la lucha, Pregúntale al polvo*. Para qué iba a descubrir a más mujeres si ellos las ignoraban en sus conversaciones. Cuando leí, años después, a Montserrat Roig diciendo que «en mis tiempos de facultad las mujeres leíamos a Henry Miller solo por gustar un poco más a nuestros compañeros» lo entendí todo.[1] No había sido cosa mía ni del desclasamiento. Llevábamos décadas, más bien siglos, siendo engañadas.

No importa lo lejos que estés del barrio: la paradoja de la adelantada te persigue de por vida. Una ternura irónica me inunda cada vez que leo a los señores de las tribunas de cultura emocionados, esta vez sí, porque la última treintañera burguesa de moda –cada década tiene la suya– ha escrito unas memorias «salvajes» sobre su travesía sexual en la vida. Suelen ser autoras que han crecido con todos los semáforos en verde, viajadas y subvencionadas por su familia, estudiantes en los centros más

1. Montserrat Roig, *Digues que m'estimes encara que sigui mentida*, Barcelona, Edicions 62, 2009 (1991).

elitistas. Me asombra la falta de criterio frente a esa acumulación de clichés en los que se fetichiza la raza y la clase de los compañeros de cama y se los despoja de personalidad para engrandecer una identidad ensimismada. No sé por qué me sorprende, aunque ya vengo entrenada. Ahora sé que viejos no solo los había en mi barrio. Y que a las chicas precoces con las que crecí, a las que muchos llamaban busconas, nunca se las etiquetará de salvajes.

AUTÉNTICA

> ¿Cómo se supone que la gente como yo (a la que llaman mujer) entienda las cosas si no podemos entrar en la sala VIP? De todos modos, no soporto las reuniones. Prefiero descubrir las cosas a partir del cotilleo.
>
> Carta de EVE BABITZ
> a JOSEPH HELLER

Como en todo juego de seducción, al escribir una puede hacerse la virgen, la respetable, la enigmática. Draconiana, puede disciplinar cada frase para que observe la moral adecuada. Pudorosa, esquivará los sentimientos para no empañar la sintaxis de lágrimas. Calvinista, escribirá con elegancia, evitando el hedor de las entrañas. Una puede ambicionar la gracia de la intelectualidad como las antiguas santas ansiaban el acceso a una esfera intangible. Como en la calle, una puede pensar que escribiendo solo las putas ponen el cuerpo.

Como en todo juego de seducción, al escribir una puede hacerse la puta, la indecente, la que siempre viene de cara. Asalvajada, dejará brotar emociones sin miedo a mojarse para engrasar la cadencia de las palabras. Liberada, puede arrancarse la mochila del canon para saltar al barro del cotilleo. Como en una fiesta, una puede pensar que las puritanas solo interesan a los que están muertos por dentro.

En el ensayo, la voz lo es todo. Y en la perversa economía de las escritoras del yo, la moneda que mejor cotiza es la autenticidad. Virgen, puta, lo que queda en medio: da igual desde dónde escribas, pero que no se note que finges. Ser *auténtico* es la carta blanca de nuestro tiempo, el escudo al que se aferran desde políticos nefastos abusando de su descaro hasta niñas ricas predicando magufadas desde su teléfono.

El delirio de la autenticidad corre el peligro de excusar o perpetuar lacras sociales, pero ahí sigue, en plena forma: he visto a gente que creía listísima ensalzando a personajes de la peor calaña porque al menos, defienden, dicen lo que piensan, son honestos. Ese peaje envenenado también persigue a las escritoras. No hay peor crítica que la de parecer postiza o, peor, estereotipada. Y no solo eso, una sabe que en la escena literaria™ solo se toleran unas pocas excepciones a la regla. Todas auténticas, sí, pero no a todas las putas se las convierte en santas.

Pensaba en lo que exigimos a las mujeres que escriben y en cuáles serán dignas de medalla mientras leía el fantástico *Didion & Babitz*,[1] el ensayo de Lili Anolik que, como en la película *Persona*, refleja sin competir las vidas de dos autoras fundamentales en mi vida lectora: Joan Didion y Eve Babitz. Dos escritoras superlativas a las que, como con las amigas sabias, acudía por separado para buscar las respuestas que de cada una necesitaba. A Babitz, mi vividora favorita, autora total y adelantada a su tiempo, siempre me ha gustado leerla en vaca-

1. Lili Anolik, *Didion & Babitz*, Londres, Atlantic Books, 2024.

ciones, bajo el sol cegador, cuando nadie tiene mala cara y todo parece posible en esa falsa lucidez mental que dan las resacas ligeras. Babitz, a quien no podía importarle menos lo que pensara la crítica, la clase de mujer explosiva que escribía como vivía, seductora hasta dormida, una bomba andante que aterrorizó a hombres débiles y casadas acomplejadas.[1]

A Didion la he buscado como quien pide audiencia a una jueza en una sala de luz blanca, fría, desangelada. La que, impasible, examinará todas y cada una de las pruebas sin mostrar un ápice de compasión. Didion, la perfeccionista, la devota de Hemingway y de la masculinidad de los cowboys, la de una ambición intelectual que milimetró sus movimientos para ser abrazada como la excepción femenina.

Yo ya sabía que ambas, tan coetáneas que hasta murieron con escasos días de diferencia,[2] habían compartido escena en Los Ángeles

1. Tanto como para no poder ir a la boda de Sandra Knight y Jack Nicholson en 1962. Eve llevaba el pastel del banquete junto a su amiga Deanne Mencher, pero le vetaron el acceso. Se lo contó la propia Mencher a Lili Anolik: «Sandra nunca la hubiese dejado entrar en la casa. Eve era una paria porque las mujeres pensaban que iba a abalanzarse sobre sus hombres».

2. Eve Babitz murió el 17 de diciembre de 2021 a los setenta y ocho años por complicaciones de la enfermedad de Hun-

durante los años sesenta y setenta. Fue Joan Didion quien recomendó a Eve Babitz en *Rolling Stone* y le consiguió su primer encargo, pero lo que yo desconocía, hasta que Lili Anolik descubrió unas cartas dos días después del entierro de Babitz, es que a Eve los textos de Joan se le clavaban tan adentro como para «no poder arrancarse sus frases». Así pasó con el reportaje de Didion sobre el movimiento feminista para *The New York Times*, publicado el 30 de julio de 1972. En aquel texto, la de Sacramento criticaba la liberación femenina. La revolución, a su parecer, era un incordio y chocaba con la sexualización de los setenta. «Nadie obliga a las mujeres a comprar el pack completo», escribió. Aquel artículo enfureció tanto a Babitz como para escribirle una carta que encontraría Anolik después de su muerte:

> Todo este asunto de las mujeres que vemos ahora es casi siempre tan crudo y obsceno que no es de extrañar que una retroceda horrorizada... Pero durante mucho, mucho tiempo, las mujeres no tuvieron dinero ni

---

tington. Joan Didion murió de Parkinson, a los ochenta y siete, seis días después.

tiempo y se las consideraba poco femeninas si brillaban como tú... ¿Podrías escribir lo que escribes si no fueras tan diminuta, Joan? ¿Te lo permitirían si no resultaras tan poco amenazadora físicamente?

Si me gusta tanto este párrafo que visibiliza la materialidad del cuerpo en todo acto de creación es porque Babitz le vino a decir: *Sé a lo que juegas, Joan, y lo respeto, pero no me vengas con esas*. Babitz, una autora a la que no le importó escribir que el día que dejó las anticonceptivas fue porque se vio gorda en una foto,[1] sabía que Didion utilizaba su aparente fragilidad para no incomodar. Lo había contado la propia Joan en «Arrastrarse hacia Belén»: «Mi única ventaja como reportera es que soy tan pequeña físicamente, tan discreta por temperamento y tan neuróticamente inarticulada que la gente tiende a olvidar que mi presencia va en contra de sus intereses».[2] Como dice Anolik, «era una de-

1. Lo cuenta en «I Was a Naked Pawn for Art», el ensayo que publicó en *Esquire* sobre su icónica foto jugando al ajedrez desnuda con Marcel Duchamp y que se puede leer, en inglés, aquí: https://www.esquire.com/entertainment/books/a38557455/eve-babitz-marcel-duchamp-naked-chess-true-story/

2. En «Arrastrarse hacia Belén», que en España se editó conjuntamente con «El álbum blanco» en *Los que sueñan el*

predadora que se hacía pasar por presa». En aquella carta airada, Eve le recordó a Joan que hacía trampa con sus ideas. Le echó en cara lo que había querido pasar por alto en ese reportaje de aventajada del feminismo: dices que las demás no están obligadas, pero tú, que presumes de aprovecharte de tu físico, has comprado el pack completo, querida.

Como con el fandom que genera Janet Malcolm, otra gélida escritora a la que se cita como las sagradas escrituras por su «todo periodista sabe que lo que hace es moralmente indefendible»,[1] Didion es venerada por frases tan magistrales como «los escritores siempre están vendiendo a alguien».[2] A todos menos a sí misma, porque de la Didion más vulnerable poco sabemos. Hasta las narraciones del duelo por su marido y su hija las planteó de una manera estoica, intelectualizada, alejada del sentimentalismo. Obsesionada con la forja del carácter, Didion hizo saber que su humanidad solo se podía vislumbrar como quien asiste a

sueño dorado, Barcelona, Random House, 2011. Traducción del inglés de Javier Calvo.

1. Janet Malcolm, *El periodista y el asesino*, Barcelona, Gedisa, 2004. Traducción del inglés de Alfredo Báez y Marta Pino.

2. Joan Didion, «Arrastrarse hacia Belén», *op. cit.*

contemplar una aurora boreal: una alberga la esperanza de que ocurra el milagro, pero sabe de antemano que, por norma, ese escenario se mostrará opaco, infranqueable. Sé que Joan Didion lloró cuando leyó la carta de rechazo de Stanford. Que guardó los zapatos de su marido muerto en el armario durante un año porque creía que si los conservaba y no los tiraba él volvería a por ellos. Que la ansiedad la comió por dentro cuando recogió a su hija adoptiva, Quintana Roo, en el Hospital Saint John's, pero solo se la permitió dos noches, que pasó, como cuenta en *Noches azules*, despertándose «sintiendo el mismo escalofrío, soñando que me había olvidado de ella, que la había dejado dormida en un cajón, que me había ido a la ciudad a cenar o a ver una película y no había pensado para nada en el bebé».[1]

No digo que esa forma de esquivar los sentimientos sea poco auténtica o criticable, al contrario, es un acto magistral, solo accesible para elegidas, las superdotadas de la escritura. Lo que me irrita del caso Didion no es cómo escribe, sino lo que se pide a las que no son

1. Joan Didion, *Noches azules*, Barcelona, Random House, 2012. Traducción del inglés de Javier Calvo.

Didion. A las que no son la excepción. *¿Podrías escribir lo que escribes si no fueras tan diminuta, Joan?* Las que no son diminutas ni aventajadas saben que no solo han de ser auténticas, sino que deberán jugar otra carta, la del carisma. Una carta mucho más arriesgada, porque se basa en algo que se puede sentir pero que es difícil de explicar. Las que pretenden traspasar fronteras no solo han aprendido a jugarla, sino que guardan en la manga la del desparpajo.

Del latín tardío *charisma* y del griego χάρισμα (chárisma), derivado de χαρίζεσθαι (charízesthai), como «agradar» o «hacer favores», el DRAE dice que el carisma es la «especial capacidad de algunas personas para atraer o fascinar», y que sus sinónimos son «magnetismo, encanto, atractivo, personalidad, carácter, ángel, duende, jale, pegue». Al desparpajo lo define como «la suma facilidad y desembarazo en el hablar o en las acciones», con sinónimos como «desenvoltura, desenfado, soltura, atrevimiento, descaro, osadía, insolencia, destreza». Las carismáticas tienen *ángel*; las del desparpajo, *insolencia*. Me pregunto qué clase de mujer, qué clase de escritora, ostenta cada uno de ellos.

El siglo XX aprendió por Max Weber que, a diferencia de la legal y la tradicional, la «autoridad carismática» era un *don* que colocaba a quien lo tenía por encima de los seres corrientes, porque a esa persona «se la trata como a quien está investido de poderes o cualidades sobrenaturales, sobrehumanos, o por lo menos específicamente excepcionales». Aunque Nietzsche ya vio ese destello en el «superhombre», fue el estudio del sociólogo sobre el carisma, una capacidad tan mágica como peligrosa, el que abrió la veda a intentar racionalizar ese término y a popularizar su uso.

Desde hace más de una década, John Antonakis, profesor de conducta organizativa en la Universidad de Lausana, intenta medir lo inmedible del carisma con una IA bautizada como Deep Charisma, pero conocida como el «carismómetro».[1] Antonakis tiene una visión: en un mundo obsesionado por la apariencia física, el carisma puede ser el gran nivelador entre humanos. Para medirlo, su equipo ha creado doce indicadores distintos, divididos entre nueve técnicas verbales –como el uso de metáforas, anécdotas, contrastes y preguntas retóricas– y tres no verbales, como las expre-

1. «The Secret History And Strange Future Of Charisma», reportaje de Joe Zadeh en *Noema* https://www.noemamag.com/the-secret-history-and-strange-future-of-charisma/.

siones faciales y los gestos. Cualquiera que se forme en estas técnicas puede ser *influyente*, que es la palabra con la que designamos a la gente carismática en redes. En uno de sus experimentos, utilizaron el algoritmo para demostrar que una mayor prevalencia de esos medidores en el orador de una charla TED se correlacionaba con un mayor número de visualizaciones en YouTube.

El siglo XXI quiere creer que el carisma equivale a viralidad. El periodista Patrick Radden Keefe no se equivoca cuando dice que las redes han acelerado la idea del «carisma animal».[1] Quien lo desprenda sabrá secuestrar nuestra atención y, como todo en la economía de la hipervigilancia, cuantificarla. La «palabra del año» para el diccionario Oxford en 2023 fue *rizz*, que es la abreviatura de *carisma* en la jerga de la generación Z. La palabra empezó a popularizarse en 2022 de la mano del *youtuber* y *streamer* Kai Cenat con sus vídeos de «consejos de *rizz*». Pero el término explotó en el mainstream cuando el actor Tom Holland, en una entrevista para *Buzzfeed*, dijo: «No tengo

1. «Veritats fràgils», conferencia de Patrick Radden Keefe en el CCCB de Barcelona, 5 de junio de 2024.

el más mínimo *rizz*. Mi *rizz* es limitado». El hashtag acumula más de trece mil millones de visualizaciones en TikTok, donde hay trucos para poner la *rizz face* (cara de interesante) o conseguir el *physical rizz* (dar un paso de baile imprevisto haciendo girar por sorpresa a una mujer reducida a damisela).

Aunque sigo pensando que el carisma no se puede ajustar a una fórmula, creo que Eve Babitz hubiese abrazado a ese profesor de Lausana, porque se pasó la vida calibrando su propia máquina de encanto. «A cualquier persona que fuese seductora la estudiaba. ¿Cómo se consigue tener un tono de voz seductor? Pues manteniendo cierto tono y volumen. También lo hacía con su risa: se la trabajó. Y midió su sonrisa, que era exactamente las tres pulgadas que necesitas para tener una buena sonrisa. Eve se entrenó en ello, hizo todo lo que hacía falta», le contó su hermana a Lili Anolik a propósito de su carisma legendario, el que dio título incluso a uno de sus libros (*I Used to be Charming*).

Babitz formaba parte de la aristocracia de Hollywood –su padrino era Ígor Stravinski, su padre fue músico y por su casa transitó toda estrella viviente posible–, pero, a pesar de su lucidez y sabiduría vital, como artista o escritora nunca tuvo ese halo de superioridad intelectual que sí se otorgó a Didion. Ella supo que para trascender allí donde no se espera a mujeres que no sean diminutas, el carisma hay que educarlo.

Creo que a quienes nos movemos por sitios que no nos pertenecen en el orden natural del sistema se nos exige, como a Babitz, cotizar con la moneda del carisma y dominar el desparpajo. Podrás ser buena en lo tuyo, pero viniendo de donde vienes, si no eres la clase de persona capaz de ganarse al público con tu insolencia, quizá ni eres tan de allí ni eres tan auténtica. El problema de toda esta mística, que no tiene normas por muchos medidores que haya en Suiza, es que de tanto querer explotarla una puede mutar en ser histriónico. Un chasquido caprichoso y pasas de la intrusa del desparpajo a ser vista como la payasa de turno, la bufona del reino.

En mayo de 2023, mientras escribía la primera parte de este texto aprovechando una baja laboral tras la extracción de un mioma uterino que se resolvió sin complicaciones, recibí una llamada del Centro de Investigaciones Sociológicas (CIS). Durante poco más de media hora charlé con una operadora amable y participé en uno de sus barómetros. Tras preguntarme sobre mi preocupación por la sequía, quién me gustaría que presidiese el Gobierno o, del uno al diez, en qué casilla me pondría si el uno es «lo más hacia la izquierda» y el diez «lo más hacia la derecha», al final llegó el turno de las preguntas sobre la clase social. En ese apartado, la encuestadora pidió que especificase los ingresos mensuales aproximados de mi hogar. Recuerdo que sumé los míos y los de mi novio. El resultado no llegaba a las cinco cifras, pero me pareció holgadísimo porque pertenecía al tramo más alto: «más de cinco mil euros». En una jugada perfecta, justo después de verbalizar ese estatus, la mujer me preguntó a qué clase social creía que pertenecía. «A la clase trabajadora», contesté. Lo dije dubitativa, añadiendo «de la cultura» como si eso justificase por qué me metía en ese saco. Recuerdo que colgué y me volví a sentar delante de este texto primigenio. Lo hice con mal sabor de boca, preguntándome si no era yo, escribiendo precisamente sobre todo esto, una trilera más arañando la promesa del brillo de lo auténtico.

A mí no me llames víctima

> No había aprendido la regla de oro de la intelectualidad femenina: nada de leer a las chicas que gritan dolor.
>
> LESLIE JAMISON, *El anzuelo del diablo*

La primera vez que escribí este capítulo estaba muy enfadada. Vomité 4.527 palabras dando vueltas a la idea de la victimización en el desclasamiento y mi asco particular a dar pena. Quería escribir sobre el cambio de paradigma que han traído las nuevas narrativas del trauma femenino. No salió bien. Era un texto caótico, intenso, errático. Me perdí en una maraña de ejemplos sacados de películas, series y ensayos. Me apropié de la herida de otras para esquivar la que me atravesaba: estaba rota por dentro. Había entrado en la fase de ira del duelo.

Intuyo la conclusión que sacaría el psicoanálisis analítico de esa elección de título, «A mí no me llames víctima», para el capítulo de regreso a este proyecto tras la muerte de mi madre. Me atreví a retomar el cuaderno seis meses después de que la enterrásemos. Pensé que ese lapso era suficiente para reconstruirme. Pedí días libres en el trabajo y me instalé con mi perrita Rumba en la casa de mis padres en Valdemanco. Retomé el manuscrito desubicada, tan extrañada como esos soldados de las películas que regresan a casa con la mirada perdida y acaban echándose a dormir en el suelo. No me reconocía en el texto. Era como si todas aquellas palabras las hubiese juntado otra persona en otra vida. Una más naíf, más boba. Percibía una brecha entre esa primera parte y la que me disponía a encarar. Todavía la siento. Un socavón de sentimientos. Tampoco entendía la urgencia de seguir escribiendo sobre el desclasamiento si las frases se me escurrían entre los dedos y se deshacían al llegar al teclado. Si hasta yo me había desdibujado.

¿Qué gano yo? ¿Para qué servirá? ¿Qué necesidad hay? ¿Solo puedo escribir sobre esto para conseguir el sello de aprobación de la autoridad

cultural?, me pregunté en aquel texto fallido y me he cuestionado en el proceso. Qué se espera de mí. Qué quieren de nosotras. Qué esconde el ansia de relato de las hijas de los toldos verdes del extrarradio y el desarrollismo franquista, las que nacimos en democracia y crecimos pensando que heredaríamos un bienestar que en realidad venía con fecha de caducidad. Pioneras de lo nuestro, fuimos a ciegas, sin referentes. Nos creímos solas hasta que nos encontramos de adultas. Por eso subrayamos tan fuerte a Annie Ernaux verbalizando la distancia de clase con sus padres. Ahí estaba la primera que era un poco como nosotras, personajes contextuales que moldeábamos nuestra identidad en función del lugar. Entendimos a Didier Eribon escribiendo sobre su armario de clase, sobre el control de sus gestos y la necesidad de generar una «antropología de la vergüenza».[1] Pero aprendimos a leer sin libros ni historias como las nuestras. Nadie nos contó que primero tendríamos que huir de lo que creíamos feo para, con el tiempo, regresar como turistas a la caza de lo auténtico.

1. Didier Eribon, *Regreso a Reims*, Buenos Aires, Libros del Zorzal, 2022. Traducción del francés de Georgina Fraser.

Si utilizo la primera persona del plural es porque la genealogía de las hijas de la periferia española no se está escribiendo sola. Desde que empecé este proyecto, otras voces han explorado su «esto no puede ser para mí», su «yo no estoy hecha para esto». Lo suyo, lo nuestro, trasciende el cacareado síndrome de la impostora. Siempre cumplidoras, acatamos el «estudia y no seas como nosotros» que nos imploraron nuestros padres. La espantada nos llevó tan lejos que nos perdimos, pero ese esfuerzo constante nos volvió tan perspicaces como para rebelarnos contra la que parecía una profecía autocumplida: la de que el establishment cultural, para nosotras, no funciona por integración, sino por resilvestración. ¿Asimilarnos sin cuestionarlo? No, gracias. Qué alivio leer a otras que no solo exploran la herida de su complejo, sino que señalan las trampas y decepciones frente al ideal de la meritocracia y la promesa del ascensor social a través del esfuerzo educativo. «Mi generación y alguna de las anteriores, las que debían tomar el relevo y mantener cierto espíritu de barrio, se habían quedado por el camino», lamenta la protagonista de *La mala costumbre*, de Alana S. Portero, a propósito de crecer en los años ochenta y noventa en el barrio madrileño de San Blas.[1] «La facultad paga en vanidad lo que no paga en dinero, pero la vanidad no da de comer», piensa Beatriz en *Yeguas exhaustas*, de Bibiana Collado Cabrera, donde construye a su *alter ego*, la hija de una pareja almeriense migrada a Castellón.[2] ¿De verdad tanto esfuerzo para esto? ¿De verdad quiero tanto lo que deseaba?, se pregunta la desencantada periodista hija de obreros de la periferia de Santander protagonista de *Pipas*, de Esther L. Calderón, tras marcharse a Madrid, recordando que «España necesita un relato de sus expobres, que somos casi todos, para saber quién ha sido, quién es y en quién querrá convertirse».[3]

Salvando sus particularidades, leí esas novelas casi como quien revisa, con los años, extractos de su diario. Me reí al comprobar que Collado Cabrera y Calderón coincidían conmigo en el sueño laboral de mi adolescencia: trabajar sentada. Porque el símbolo del éxito en

1. Alana S. Portero, *La mala costumbre*, Barcelona, Seix Barral, 2023.

2. Bibiana Collado Cabrera, *Yeguas exhaustas*, *op. cit.*

3. Esther L. Calderón, *Pipas*, Logroño, Los Aciertos y Pepitas de Calabaza, 2024.

nuestra disrupción generacional nunca fue el despacho, sino la silla. A las de la periferia no solo nos faltaban palabras, sino la capacidad de imaginar un futuro en el que proyectarnos.

No crecieron en descampados del posfranquismo, pero en la última década otras han llegado igual de dispuestas a señalar las desigualdades del sistema cultural. Claudia Durastanti, asqueada por la obsesión recurrente de averiguar cómo se permitían sus pisos sus amigos creativos de Londres en *La extranjera*.[1] Veronica Raimo escribiendo sobre el «precariado cognitivo» y los trapicheos hasta con su propia firma por cuatro duros en la prensa italiana en *Nada es verdad*.[2] Sheena Patel dispa-

1. «En lugar de detenerme para asistir a una persona que se encuentra mal, no hago más que preguntarme cuánto pagan de alquiler mis conocidos, o en qué trabajan para quedarse aquí, en una obstinada resistencia que me ofusca y me está convirtiendo en una criatura diferente, cuya voz, forma de gesticular o vestirse no puedo soportar». Claudia Durastanti en *La extranjera*, Barcelona, Anagrama, 2020. Traducción del italiano de Pilar González Rodríguez.

2. «Desde una perspectiva más subversiva, podíamos convencernos de que habíamos penetrado en las grietas del sistema. Precariado cognitivo, trabajadores de la mente: ¿de verdad éramos todos intercambiables? Pues bien, transformaríamos el chantaje del mercado cultural en un arma cuyo tiro les saliera por la culata». Veronica Raimo, *Nada es verdad*, Barcelona, Libros del Asteroide, 2022. Traducción del italiano de Carlos Gumpert.

rando contra el mercado cultural de las oprimidas en *Soy fan*.[1]

Leyéndolas, escribiendo, no he podido dejar de pensar en la «fetichización de la herida» de la que escribió la pensadora Wendy Brown.[2] Trabajando el modelo de Nietzsche sobre el resentimiento, la filósofa ha criticado que ahora, para que los sujetos subalternos sean escuchados y tengan una voz activa, para poder salir de ese contrato de silencio que los sacralizaba ocultándolos convenientemente, se les exige clamar venganza. El problema es que, de hacerlo, su herida invadirá su identidad al completo, sin posibilidad de escape, y encerrará a la víctima en una versión unidimensional de sí misma. En la cultura testimonial de hoy, las narrativas del trauma ayudan a reflexionar sobre las opresiones y las desigualdades del pasado y del presente, pero, al estar integradas en el capitalismo, el sufrimiento se mercanti-

1. «Si nos especializamos en contarles a los demás *Cómo es el mundo en realidad: un vínculo racial*, se hace un poco más llevadero lo de urdir estas pornográficas baladas sobre el trauma a cambio de unas migajas de estatus». Sheena Patel, *Soy fan*, Alpha Decay, Barcelona, 2023. Traducción del inglés de Regina López Muñoz.

2. Wendy Brown, «Wounded Attachments», en *Political Theory*, vol. 21, núm. 3, agosto de 1993 (https://www.jstor.org/stable/191795).

liza como medida de virtud social frente al privilegio, que se considera algo inmoral. Nuestro desgarro es una moneda de cambio.

Leslie Jamison se refiere a mi generación como la de la «mujer posherida». Las mujeres siempre han sufrido y tenido el monopolio del dolor, dice; solo que las de ahora lo expresan de forma distinta. Y si hay una cosa que detestamos por encima de todo es que se nos considere víctimas, mujeres heridas. «Son mujeres conscientes de que el sufrimiento se exagera y se sobrevalora. Recelan del melodrama y lo combaten a través de la indiferencia y el ingenio. Las mujeres posheridas hacen bromas sobre el sufrimiento y se impacientan con las mujeres que sufren demasiado.» Las posheridas son chicas hastiadas, cínicas, claustrofóbicas. Creen que sincerarse sobre su dolor es como interpretar un rol trasnochado de la feminidad. Son las que harán chistes sobre su aflicción para menospreciarla. Follarán con hombres que las desprecien y responderán ante ese hecho con indiferencia y sarcasmo, su respuesta inmediata frente a un atisbo de debilidad.

Yo no quería bromear sobre mi herida de clase para mostrar que no soy como las demás.

Sí que lo soy. Tampoco quería que este texto sirviese de escudo, como si el dolor no resuelto funcionase como una pantalla opaca, un revestimiento compacto por el que ya no pasa ni un rayo de luz, repeliendo cualquier opción para cauterizar la herida. Pero durante este proceso me he preguntado muchas veces si yo también me iba a quedar encerrada en ese papel, en el de la acomplejada quejica. La nieta desencantada de la democracia. La persona a la que un editor o editora solo llamará para pedir un texto sobre mujeres de barrio, sobre desclasadas, sobre qué pasa cuando sales de pobre.

Por momentos también me ha sobrevolado la idea de que, en realidad, lo que se espera de nosotras es que aportemos alivio. Que escribimos para que los que habitan naturalmente la cultura desde hace generaciones nos lean, relajen los hombros y suspiren tranquilos. Para confirmar el éxito de aquello que llamaron *progreso*. Qué bien salió la Transición. Qué éxito lo de las hijas de los pobres, ¿veis qué listas y apañadas nos salieron? «Nos dan la bienvenida, casi tenemos la impresión de que nos estaban esperando. Nunca es buena señal», escribe Louisa Yousfi para recordarnos que debemos tener encendida, siempre, la alarma de la sospecha.[1] Pero si todas estas autoras aprovecharon su altavoz para exponerse e iluminar esos huecos, si me irrito cada vez que veo ocupar nuestros espacios a otros que presumen de orígenes humildes mientras escriben desde segundas residencias en la Costa Brava, ¿por qué iba a parar yo, si además me pagaban por hacerlo? Parafraseando a Alice, la doble de Sally Rooney en *Dónde estás, mundo bello*, sobre el cheque por su primer libro: «Si ellos eran tan tontos de dárselo, ella era tan avariciosa como para cogerlo».[2] Claro que ella se llevó doscientos cincuenta mil dólares por escribirlo y a mí, con el adelanto del mío, me dio para un mes de alquiler.

Decidí seguir escribiendo.

1. Louisa Yousfi, *Seguir siendo bárbaro*, Barcelona, Anagrama, 2023. Traducción del francés de Encarna Castejón.
2. Sally Rooney, *Dónde estás, mundo bello*, Barcelona, Random House, 2021. Traducción del inglés de Inga Pellisa.

El limbo es tierra de todas

> Pero entonces, ¿quién era ella
> justo en la frontera?
> ¿Se llamará tierra de nadie
> porque aquel que vaga hasta ella
> deja de ser quien es?
>
> JENNY ERPENBECK, *Kairós*

CHARNEGA

De niña nadie me llamó *charnega*. Esa palabra nunca se oyó en los corrillos del patio o en los bancos de la plaza. Nunca nos la dijimos entre nosotros. Nuestros padres tampoco la mentaban en las sobremesas y los profesores jamás la pronunciaron en clase. Supongo que una no aprende lo que significa hasta que se la dice alguien de fuera, cuando colisiona con otra esfera.

Como a la mayoría de mis amigas y a mí misma, lo de descubrirnos charnegas sucedió sin más, sin epifanías de clase. Nadie recuerda nítidamente su primera vez. Entendimos de qué iba la cosa tarde y mal. Vane lo oyó de vacaciones en su pueblo materno, en Córdoba, aunque no recuerda si fue porque a ella y sus hermanos, al tratarlos de forasteros, los etiquetaron como «charnegos» o «polacos»; Cris piensa que lo oyó en televisión hacia el final de la adolescencia; el resto, en la universidad. Todas entendimos nuestra otredad cuando salimos de nuestro sitio. Imagino que alguien con un apellido no terminado en *z* me preguntaría por el origen de mis padres, y cuando respondí que de Ciudad Real debió de replicar: «¡Ah, entonces eres charnega!». Supongo que googlearía aquella palabra, como cuando buscaba al director japonés del que hablaban en el bar de la facultad. Una no recuerda qué pasa la primera vez que la oye, pero todas conocemos la sensación que nos acompaña desde que la entendemos: la de arrastrar una sombra mutante en la construcción de la propia identidad.

Como si de las fases del duelo se tratase –porque algo se pierde o se te niega cuando te asocian con esa categoría–, mi primer reflejo, instintivo, fue el de la negación. *Pero si yo no soy de fuera, si hasta hay parada de metro delante del hospital en el que nací, pero si yo soy de aquí, ¿no serían mis padres los charnegos, ellos, y no yo*? Ese rechazo naíf que buscaba la literalidad de la definición se impuso por mi ansia de pertenencia, de ser como las demás. De la incredulidad nace la ira. Una rabia tan poderosa como explosiva que te lleva a una paranoia de comparación constante, enfermiza, al sentirte descubierta como intrusa y defraudada por un contrato que, ahora entiendes, venía con las cláusulas trucadas. *Pero si yo había sido una hija ejemplar de la inmersión. Si, como me enseñaron en casa, jamás cuestioné la autoridad. Pero si obedecí reptando sin hacer ruido, siempre discreta, sumisa a las formas y reglas del sistema. Pero si hasta gané los Jocs Florals en un idioma distinto del que hablaba en casa.* No es que hubiera sido como ellos, es que, en algunas cosas, hasta sentía que era mejor. Había cumplido con quien exige que te encojas porque tu presencia es una provocación. Pero nadie me avisó de que existía una palabra con la que hacerme sentir inferior.

Dice Brigitte Vasallo –a quien leí como referente en mis fases de depresión y aceptación para nombrar y regular mi malestar– que llega un momento en la vida charnega en el que entiendes que nunca serás como ese *nosotros*, que nunca hablarás catalán como ese *nosotros*, que nunca encajarás como ese *nosotros*.[1] Puede que en su día intentara asimilarme para conseguir la validación, pero, y qué alivio ahora, ya no aspiro al *nosotros*. Qué descanso supone abandonar el ansia de aceptación. No es que pretenda refugiarme en la supuesta pureza de mis orígenes, presa de un viaje al pasado que lo embellezca con una épica buenista sin problematizar. No sacaré nada bueno de esa falsa nostalgia, pero tampoco me quiero resilvestrar. Zadie Smith dijo que la «sofisticación es un lenguaje, si no lo hablas, tendrás acento».[2] Qué aburrimiento perder el tuyo por imitar el de las demás.

Cuando tenía seis años y todavía no sabía que era charnega, un sociólogo de Minnesota

1. Brigitte Vasallo: «Soy una charnega y una marimacho», entrevista de Sergi Picazo publicada en *Crític* el 30 de enero de 2024 (https://www.elcritic.cat/entrevistes/brigitte-vasallo-soy-una-charnega-y-una-marimacho-189933).

2. Zadie Smith, «Speaking in Tongues», charla sobre su asimilación cultural pronunciada en diciembre de 2008 en la Biblioteca Pública de Nueva York (https://www.nybooks.com/articles/2009/02/26/speaking-in-tongues-2/).

llamado Ray Oldenburg desarrolló la teoría del tercer lugar. Además de un primer lugar (nuestra casa) y un segundo lugar (nuestro trabajo), Oldenburg defendió que las comunidades deben generar entornos donde desarrollar una sensación de comunidad y de compromiso cívico. Necesitamos un «tercer lugar» en el que relajarnos y evadirnos con caras conocidas, un espacio de encuentro que no nos defina ni por la familia ni por el empleo. Desde que descubrí esa teoría, la he sentido siempre como una muleta. Todo cobra sentido en el tercer lugar, uno que no me define ni por el sitio de donde vengo ni por el sitio adonde me quieren llevar.

Como la teórica feminista Diana Fuss, creo que «caer en el esencialismo es intrínsecamente reaccionario».[1] Como Salman Rushdie, pienso que es «el hijo respetable del exotismo pasado de moda».[2] El discurso esencialista es el cebo para la que busca ser tolerada por uno de los dos mundos: o se nos pide embellecer la idea de la honestidad bárbara de la que prove-

1. Diana Fuss, *Essentially Speaking: Feminism, Nature and Difference*, Nueva York, Routledge, 1980.
2. Salman Rushdie, *Imaginary Homelands: Essays and Criticism*, Nueva York, Penguin Books, 1992.

nimos, o se nos exige copiar ese *nosotros* al que deberíamos aspirar pero que, con los años, entendemos que es el espejismo de un fracaso. A mí todo ese aparente refinamiento ahora se me antoja arcaico, jerárquico, podrido. El último aliento de una civilización decadente. Igual su *nosotros* es el que se debe reeducar. Igual las que no somos ni lo uno ni lo otro, las que habitamos ese umbral, no tenemos la obligación de explicarnos sino la llave para transformarlo. Para reventarlo todo. Para empezar algo nuevo.

QUEDARSE EN EL LIMBO

A los setenta y nueve años, Dick se quedó atrapado en un limbo. Un limbo sonoro. Concretamente, se quedó en una canción que sonaba en su teléfono. La primera vez que la escuchó fue cuando llamó al hospital Stamford de Connecticut y le conectaron con una melodía inusual mientras lo dejaban en espera. Sonaba un sintetizador con eco interestelar. Le gustó. Al poco, volvió a escucharlo en otra llamada a un centro de facturación médica en Atlanta. Pasó de nuevo cuando llamó a su cardiólogo. Tuvo una hernia y luego un cálculo renal. Siempre escuchaba el mismo tema en su teléfono al quedarse en espera. Dick se obsesionó con esa canción. Descubrió que provenía de Cisco, la empresa que proporcionaba el sistema telefónico del hospital y de toda la red médica de Estados Unidos. En la biblioteca pública, dónde si no, se obró el milagro. Dick conoció a la bibliotecaria Abby Sesselberg, que entró a YouTube y encontró «One Hour of Cisco Call Manager Default Hold Music».[1] Era su canción, en bucle. Se llamaba *Opus No. 1*. La había compuesto Tim Carleton cuando tenía dieciséis años, en 1989. La grabó en una cinta de cuatro pistas en el garaje de sus padres en California. Esos cinco minutos de cinta suenan ahora en sesenta y cinco millones de teléfonos en todo el mundo como hilo musical predeterminado. En YouTube hay colgados cientos de comentarios: «Por favor, vuelve a ponerme en espera para poder escucharla un poco más». «Pensé que era la única persona a la que le encantaba esto.» «Me he pasado casi

1. Ese vídeo ya no está disponible en la plataforma. Pero la canción está colgada por su autor, Tim Carleton (https://www.youtube.com/watch?v=N7xn5zeJ4D4). Más de dos mil comentarios acompañan al tema.

tres años buscando esta canción.» Dick leyó esos mensajes y suspiró con alivio. No era el único que se había quedado atrapado entre dos mundos.

Tras escuchar la historia de Dick en el pódcast *This American Life* una mañana en la elíptica del gimnasio, me sentí más ligera, menos sola.[1] Como Dick, tengo predisposición a quedarme atrapada en los limbos. Cuando creces sintiéndote siempre la mitad de algo y nunca un todo completo, cuando no eres lo suficientemente catalana ni lo suficientemente manchega, ni pija ni choni, ni periodista de raza ni activista a tiempo completo, cuando creces descastándote poco a poco y sintiéndote siempre una intrusa, es en los umbrales donde hallarás refugio. El limbo, como esa canción de espera que tanto fascina a internet, es el espacio de la posibilidad.

No todos los limbos son buenos. Yo acumulo limbos inciertos en los que me instalo demasiado tiempo. Me acomodo en ese espacio por definir para evitar el fracaso, alejarme de un chasco. Uno de mis limbos más temidos es

1. *This American Life* #516: «Stuck in the middle» (https://www.thisamericanlife.org/516).

este en el que estoy suspendida ahora, escribiendo este texto que arrastro desde hace casi tres años. Otro sin resolver es el proceso de fecundación in vitro en el que estoy inmersa con mi novio, con nuestros embriones congelados desde hace demasiados meses, paralizados en una división celular hasta que mi cuerpo les permita, o no, seguir dividiéndose para llegar a convertirse en un ser humano. Eso no quita que atesore limbos preciados: el instante en el que propones un reportaje, te lo compran y todavía no has experimentado el agotamiento de sentarte a escribirlo. Y luego la satisfacción de dejarlo listo y pulsar el botón de enviar: ese espacio mágico en el que todavía no está publicado y no puede ser juzgado por quien lo lea. El momento preciso en el que programas la respuesta automática del correo electrónico anunciando que dejas de estar disponible. El ratito de espera hasta que sube el éxtasis, la excitación previa a ese escalofrío que recorre tu espalda, indicando que ha llegado el momento de suspender, por un rato, la lógica del cerebro.

Uno de mis limbos predilectos fue el de la escena rave por la que pasé como turista durante mi veintena. En aquellas fiestas autoorganizadas por otros, gratuitas, ya fuese en una nave abandonada de Poblenou o una cueva de una cala ibicenca por la que se colaba la luna llena, las reglas del afuera dejaban de aplicarse para construir unas nuevas. Allí donde acudíamos a evadirnos de nosotros mismos se formaba una comunidad que era, a su vez, totalmente anónima, llamada a disolverse al cabo de unas horas. Ya no formo parte de esa esfera, pero sigue despierta mi fijación por los limbos y su espacio por definir, por el enigma de la frontera. La habitación roja de *Twin Peaks*, el cuarto blanco en la secuencia final de *2001*; la seductora extrañeza, casi fantasmal, en los cuentos de Eider Rodríguez narrados desde la frontera de Hendaya; la hipnótica nada, el vacío fílmico conceptualizado como un agujero negro, visto en *Bajo la piel* o *Stranger Things*. Todas y cada una de las películas o historias sobre personas que cruzan el muro de Berlín. Siempre imantada hacia los no-lugares,[1] esos

1. En 1992, el antropólogo Marc Augé definió los no-lugares como «espacios donde el ser humano permanece anónimo» porque son sitios creados por la modernidad que no pueden definirse ni como espacio de identidad ni de relación ni histórico. Augé ponía como ejemplo las estaciones de metro, de ferrocarril o de autobús, los aeropuertos, las autopistas o los centros comerciales. Cuando los definió, internet estaba

rincones en los que se permite operar de forma ajena al sistema.

HABITAR EL UMBRAL

«Quítense los zapatos y caminen a lo largo de una playa a través de la delgada lámina de agua que se desliza entre el océano y la arena. Se sentirán reconciliados de un modo que no sentirían si hubiera un diálogo forzado entre ustedes y cualquiera de los dos grandes fenómenos. Pues aquí, entre medias de la tierra y el océano, en este territorio intermedio, ocurre algo muy distinto de la nostalgia del marinero. No hay deseo de la tierra desde el mar, no hay deseo contrario, no pueden dividir uno de otro.» Todavía recuerdo el impacto al leer y ver aplicada en edificios la «filosofía del umbral» del arquitecto Aldo van Eyck,[1] conocido por crear los parques infantiles más populares del

---

en pañales, por lo que no pudo predecir hasta qué punto ciertas comunidades de usuarios, en las que me incluyo, han crecido fascinadas por esos sitios y ampliado la definición y las connotaciones del no-lugar.

1. Luis Gil Guinea, «La "filosofía del umbral": Aldo van Eyck en el Hogar para niños en Amsterdam, 1954-1959», *Revista Europea de Investigación en Arquitectura*, núm. 13, 2019.

mundo.[1] Van Eyck no solo intuyó la valiosa posibilidad del limbo, sino que hizo algo mucho mejor: imaginó cómo habitarlo sin jerarquías y en comunidad.

Desde que escuchó la palabra *umbral* por primera vez en el IX CIAM, en Aix-en-Provence el 19 de julio de 1953, Van Eyck se obsesionó con los umbrales. El flechazo llegó al ver unas fotografías de críos jugando frente a sus casas en un barrio al este de Londres tomadas por los arquitectos Alison y Peter Smithson, expuestas en la charla del matrimonio a propósito de un proyecto de rehabilitación de un barrio con casas jardín que seguía lo que denominaron *doorstep philosophy* o *space between* y que buscaba deshacer la polaridad entre lo individual y lo colectivo, entre el interior y el exterior o entre la parte y el todo.[2] Van Eyck había diseñado ya treinta espacios urbanos de juego infantil, pero su intención tras entender el impacto de lo intermedio fue mucho más allá: el umbral, símbolo de la conexión entre dos espacios, podía representar también una

1. Aldo van Eyck, *Team 10 Primer*, Cambridge, MIT Press, citado y traducido por Luis Gil Guinea en «La "filosofía del umbral", *op. cit.*

2. Luis Gil Guinea, «La "filosofía del umbral"», *op. cit.*

nueva conciencia. Fue en su proyecto del orfanato municipal de Ámsterdam donde lo materializó. Allí creó una ciudad ideal en un microcosmos para ciento cincuenta niños. La estrategia y el plan del orfanato eran claros, según dejó por escrito: «unidad y diversidad, parte y todo, pequeño y grande, mucho y poco, simple y complejo, cambio y constancia, orden y caos, individual y colectivo». El arquitecto sabía que «como antónimos abstractos, esas mitades resultan insignificantes», pero el vacío entre ellas, cuando se materializan en casas o ciudades, «cobra forma en la crueldad, pues en esos sitios todo es siempre demasiado grande o demasiado pequeño, demasiado poco o excesivo, demasiado cerca o muy lejos, mucho o poco de lo mismo, muy o nada diferente».[1] Van Eyck, resuelto, se atrevió a definir una nueva conciencia de lo que queda en medio.

Como a él cuando vio las fotos de aquellos críos de Londres, a mí siempre me han hipnotizado las imágenes asociadas al orfanato del umbral. La retícula del espacio desde el cielo, los niños jugando en la calle, las claraboyas de

1. Alejandro Hernández Gálvez, «Ejemplos ejemplares: el orfanato de van Eyck», *Arquine*, 3 de octubre de 2013 (https://arquine.com/ejemplos-ejemplares-el-orfanato-de-van-eyck/).

Vista aérea del orfanato de Van Eyck

Niño jugando en una de las plazas

Vista de las claraboyas de las unidades del orfanato

las unidades vistas desde arriba, como si fueran acogedores senos maternos. Van Eyck creó espacios de juego pensados para que el interior no encerrase más a esos huérfanos, y ordenó las unidades residenciales por orden de protección: los más pequeños vivirían en el punto más interior, más protegidos; los mayores se irían desplazando escalonadamente hacia la calle, en un recorrido ascendente, preparándose poco a poco para el mundo exterior, hasta la salida a su propio hogar. El orfanato visto como un gran umbral, pero a su vez integrado por miniumbrales para que la existencia cobrase sentido en una simbiosis armónica entre la idea del afuera y del adentro.

Quiero pensar que fue Nelly Estelle Benjamins, la madre del arquitecto, una mujer de origen judío y latino que se había criado en Surinam y que lo apuntó a una escuela antiautoritaria, quien le transmitió esa emoción. Van Eyck probó que el umbral podía habitarse, pero también sabía lo más importante: que para poder vivirlo, primero hay que sentir ese espacio sin definir.

Dicen que las personas zurdas nos reconocemos al vernos; creo que las que abrazamos el *casi* también lo hacemos. El artista Ignasi Aballí ve en la palabra *casi* «un indicador de fracaso o error, algo que se quería hacer y se hizo pobre o escasamente, algo que no es perfecto». Contemplé *Casi*, la instalación *site-specific* bajo ese mismo título, a principios de noviembre de 2024 en el monasterio del Centro Andaluz de Arte Contemporáneo de Sevilla. Situada en un pasillo largo y estructurada como una serie lineal, Aballí utilizaba el adverbio *casi* acompañándolo de una palabra sobre un fondo blanco, repetidamente, para referirse a distintos temas relacionados con su obra. *Casi* visto aquí como un estado inacabado, incompleto, algo que se está cerca de conseguir pero igual no se alcanza. Siempre me ha encantado escribir la palabra *casi*. Más que delatora de lo indefinido, es una de mis favoritas por su ambivalencia, y se me ofrece como un salvavidas, un cojín al que abrazarse para amortiguar la caída, un flotador en el océano: *casi* es el refugio para las que no sienten lugar ni pertenencia. Nuestro cinturón de seguridad para no estamparnos.

Casi catalana.
Casi charnega.
Casi pija.
Casi choni.
Casi víctima.
Casi vengadora.
Casi madre.
Casi escritora.

Si todavía estuviese vivo, me hubiese encantado preguntarle a otro loco del *casi*, Marc Augé, por su opinión respecto al culto digital a lo liminal. Del latín *liminãris*, «umbral», lo liminar o liminal hace referencia a una zona de pasaje, a una puerta de entrada, al origen de un espacio de ambigüedad en el que algo deja de ser lo que era para transformarse potencialmente en otra cosa. Lo liminal define el umbral –físico y mental– entre el estar y el no estar. En el plano mental, habita en la adolescencia, el duermevela o la enfermedad. En el físico, se conceptualiza a través de los aeropuertos, las cárceles o los espacios fronterizos entre países.

Cuando la pandemia nos encerró a todas sin posibilidad de escape, una de las obsesiones nicho que más invadió el vocabulario de la conversación digital fueron los *vibes*. Atrapada en casa, aislada de la experiencia comunal, la gente necesitaba vibrar para evadirse de su realidad. Así que todo en la red y fuera de ella debía transmitir un sentimiento que se pudiera catalogar y que a la vez funcionase como un umbral. Esa predisposición sensorial provocó la explosión de fotografías de no-lugares e hilos de Reddit para que, de repente, todo el mundo se encaprichase de la palabra *liminal*. Como la «casa patata liminal de Idaho»[1] en la que podías dormir por doscientos cincuenta dólares la noche en Airbnb, y que no era puerta de entrada ni de salida a algo, pero explotó en las redes con ese adjetivo por la vibración que transmitía una construcción de menos de diez metros cuadrados con aspecto de patata gigante en medio de la nada y amueblada con una cama, dos sillones y alfombras de imitación marroquí. Pero la «patata liminal» no era una patata ni una casa de verdad. Estaba hecha de fibra de vidrio, aunque desde fuera simulara ser un tubérculo gigante. No tenía ventanas ni baño, aunque desde dentro pareciera una casa. Ni lo uno ni lo otro. Si explotó de esa manera, y en ese preciso instante, fue porque

1. Angella d'Avignon, «Liminal potato house. The Airbnb afterlife of the world's largest spud», *Dirt*, 17 de junio de 2021 (https://dirt.fyi/article/2021/06/liminal-potato-house).

Así se ve por fuera Dolly, la casa patata liminal de Airbnb

daba la impresión de ser un espacio en tránsito: liminal.

Esa obsesión se pudo medir en el antiguo Twitter con los 1,3 millones de seguidores de @SpaceLiminalBot, la cuenta que, antes de ser suspendida por el X de Elon Musk, viajaba «al borde de la realidad» y tuiteaba fotos sin contexto de enigmáticos pasillos vacíos, gasolineras abandonadas o entradas de hoteles sin un alma. R/LiminalSpace, el hilo de Reddit en el que se discuten y comparten este tipo de imágenes, tiene más de medio millón de miembros, y en TikTok los vídeos de #liminalspace acumulan más de cuatrocientos millones de visualizaciones. En el estado liminal una siente que está, pero a la vez no se está en ninguna parte. Supongo que esa desorientación fue global cuando pudimos, al fin, salir de nuestras casas, pero muchas de nosotras la hemos sentido toda nuestra vida.

Cuando entrevisté al filósofo Josep Maria Esquirol,[1] le pregunté por una teoría de su en-

1. Josep Maria Esquirol, filósofo: «Depender de los demás es un regalo, una suerte, un don», *El País*, 8 de agosto de 2024 (https://elpais.com/ideas/2024-08-08/josep-maria-esquirol-filosofo-depender-de-los-demas-es-un-regalo-una-suerte-un-don.html?event_log=oklogin).

sayo *La escuela del alma* (Acantilado, 2024) que defiende la necesidad de «cultivar el umbral». Sin umbral, dice Esquirol, «todo sería igual y todo sería indistinto, todo sería lo mismo». Aunque Esquirol me defendió una idea de umbral en la que las instituciones debían funcionar como tales –«que la escuela sea escuela y que la casa sea casa»–, los umbrales, para los que a veces no nos reconocemos en esas instituciones, son nuestras fortalezas.

Cuánta razón tenía Pau Luque cuando escribió que la «identidad charnega es una calamidad».[1] Durante la última década se ha alabado el triunfo de la periferia y se ha escrito mucho sobre cómo el margen se ha hecho con el centro del discurso artístico. Asistimos a una etapa supuestamente inclusiva en la que las voces que provienen de sitios ajenos a la cultura mayúscula –blanca, heterocéntrica, burguesa– han arañado espacios de debate renegando del canon, cuestionándolo e imaginando algo nuevo. Las que provenimos de esa Barcelona del extrarradio, las que venimos de pobre y hemos conseguido infiltrarnos, senti-

1. Pau Luque, «Xarnego i bufó? Només antixarnego», *Quadern*, *El País*, 2 de junio de 2023 (https://elpais.com/quadern/2023-06-02/xarnego-i-bufo-nomes-antixarnego.html).

mos que cuando se nos pide explicarnos la oportunidad se presenta como un regalo envenenado. Cuando se te ofrece la carta de la atención, se hace con la exigencia de posicionarte en uno de los bandos. O te conviertes en la asilvestrada insolente, la favorita de las redes, derrochando un desparpajo estoico para que la ofensa del resto no te afecte, o te exhibes como la adoctrinada ideal, la que borra cualquier rastro de sus orígenes y se erige como imagen prístina de su proyecto integrador. El espacio intermedio, mucho más interesante, rico, plural, trans, no interesa porque no se entiende. O te exotizas o te asimilas.

Escribo el final de este capítulo en casa de mi amiga Ana en El Palmar de Vejer de la Frontera, Cádiz, otro umbral de orilla europea desde el que, en los días despejados, se puede ver la costa africana sin forzar la mirada. Una siente que aquí todo fluye, todo es posible, que en esta frontera enigmática nómadas digitales disfrazados de surferos y lugareños se funden en aspecto y forma y se genera una comunidad propia. Esa es la grandeza de las que nos sentimos en el *casi* como en casa, las que entendimos que no vinimos a explicarnos para que el sistema respire aliviado por su trabajo bien hecho. Ni somos víctimas ni hemos venido a vengarnos. Somos las que, al contrario de lo que el resto entiende, descubrimos una promesa única, transformadora: la de que el limbo nunca fue tierra de nadie, sino de todas.

Domesticada

> Nadie te prepara para un duelo, ni todos los libros tristes que llevaba una década leyendo de manera enfermiza.
>
> GABRIELA WIENER,
> *Huaco retrato*

MADRE CANCEROSA MÁGICA

Qué bien se mueren de cáncer las madres de familias ricas en las películas. Qué elegancia, qué porte, qué dignas. Se las ve siempre ubicadas. En su sitio. Tranquilas. Visten finos batines, nunca batas gruesas, y un pañuelo cubre impecable, sin mácula, su cabeza. La seda ni da frío ni incomoda el debilitado cuerpo de esas madres. La enfermedad no está ahí para robarles la belleza. Siempre delgadas, demacradas pero serenas, son como estampitas de místicas contemporáneas: santas de hoy congeladas en su espera. Su presencia en la pantalla me recuerda a aquellas fotos hipnóticas de las tuberculosas del pasado. Su enfermedad, más que suplicio, asoma ante los demás casi como una revelación hermosa.

Una cosa que une a las madres cancerosas millonarias de la ficción es que siempre recibirán a la muerte en habitaciones más grandes que mi piso entero; acostadas junto a amplios ventanales con vistas majestuosas, arropadas por suaves sábanas de algodón egipcio. Siempre secundarias, nunca protagonistas, quedarán reducidas a una herramienta: las transmisoras de la epifanía vital de otro. Su presencia solo será requerida para el giro argumental, para la moraleja que pondrá remedio a la desordenada existencia de los que se quedan.

Nunca había pensado en lo molesto de ese cliché, el de la *madre cancerosa mágica*,[1] hasta que a la mía le diagnosticaron la enfermedad. La detección de su glioblastoma, el más agresivo que se puede dar en el cerebro, llegó en octubre

1. La *madre cancerosa mágica* sería un tropo que funcionaría como extensión del *magical negro* o negro mágico de la ficción: esos personajes secundarios negros cuya existencia solo sirve narrativamente para ayudar a los protagonistas, generalmente blancos, de una película.

de 2023. Joan Didion escribió que «te sientas a cenar y la vida que conoces se acaba». Para mí fue un *te sientas a escribir un miércoles por la mañana*. Aquel día, resacosa tras la fiesta de cumpleaños de mi novio, estaba con un texto sobre el heteropesimismo y el nuevo cuelgue de las mujeres veinteañeras por cincuentones en las novedades literarias.[1] Te llama tu padre mientras abordas un artículo y la vida te cambia.

Durante los cuatro meses que el cáncer nos dejó acompañar a mi madre mientras paralizaba gradualmente su cuerpo y le robaba además la capacidad de habla, vi varias películas y series en las que, en distintas variantes, aparecían madres moribundas. Lo hice sin pretenderlo ni planearlo, y mucho menos por voluntad propia, pero ahí las fui encadenando, una detrás de otra, madres adineradas languideciendo mientras la mía, que no lo era, iba camino de lo mismo en su piso a veinte kilómetros del mío.

Primero me pasó con *Saltburn* (Emerald Fennell, 2023). Aunque el personaje de lady

1. El artículo, «Heteropesimismo, sexo y juegos de poder: las nuevas ficciones de jóvenes colgadas de hombres mayores», que siempre maldeciré y acabó gafado en mi cabeza, lo pude acabar ocho semanas después.

Elspeth Catton (Rosamund Pike) no tiene cáncer ni tampoco tiempo de soltar su sermón mágico porque ya ha enterrado a sus dos hijos, fue en la secuencia final, en la que Oliver (Barry Keoghan) la tiene sometida a su voluntad, cuando abrí esa carpeta mental de mujeres enfermas languideciendo. Dos meses antes no sabía instalar una asidera de cama, cómo funcionaba una grúa eléctrica hospitalaria o un colchón articulado, pero las múltiples búsquedas que tenía en mi móvil y compartía aquellos días con mi padre me habían hecho lo suficientemente experta en el mercado asistencial[1] como para reconocer que ahí la madre enferma estaba mejor equipada. Recuerdo darle un codazo a mi novio, señalando al televisor: «Mira, esa grúa de la esquina, en Wallapop la tienen a más de mil euros».

Aquellos meses que pasé disociada en mi sofá, recolecté a varias madres cancerosas más en los estrenos que me mostraba el primer carrusel de Netflix y sobre el que pinchaba sin pensar. En *Maestro* (Bradley Cooper, 2023),

1. Accesorios que no hizo falta comprar gracias a la asistencia de Oncolliga y la trabajadora social Cristina Mariano, a la que siempre estaré agradecida por la ayuda y la empatía que nos ofreció durante ese tránsito.

envidié muchísimo las condiciones de Felicia Montealegre (Carey Mulligan) en la enfermedad. Puede que su marido nunca la quisiera como merecía por la doble vida sexual y afectiva de él, pero ¿y esa mansión en el campo para morirse reposadamente? Quién pudiera.

Quien sí me irritó fue Essie Davis interpretando a Alison Mayhew en la serie *Siempre el mismo día* (Nicole Taylor, 2024), la adaptación del superventas de David Nicholls. No me había molestado cuando, en mi veintena, leí del tirón la novela, casi sin salir de la cama. Por entonces la madre enferma me daba igual, yo estaba por la trama romántica y poco más. Y tampoco me enfadé cuando vi a Patricia Clarkson interpretando a esa madre elocuente reducida a una visión translúcida pero elegante del cáncer en la adaptación cinematográfica de 2011 de Lone Scherfig. De aquella película solo pude pensar: «Qué mujer, tiene clase hasta en las últimas». Pero cuando vi la serie, cuando vi a esa madre cancerosa aconsejando serena a su hijo que enmendase su vida casi como una aparición mística, apagué el televisor. Aturdida, no pude seguir. Tuve pinchazos de resentimiento hacia esa mujer que se podía despedir en plenas facultades, conversando en un jardín hermoso y un horizonte bello para que su hijo, el protagonista, espabilase. ¿Por qué ella sí y mi madre no? ¿Y por qué su despedida tenía que girar en torno a sus enseñanzas para los demás? ¿No tenía nada más que decir esa madre? ¿Nada por lo que quejarse antes de irse? ¿Es que ella solo servía para que los demás aprendieran una lección? Fue ver esa serie una semana antes de que mi madre muriese y prometerme que, por mi bien, no vería más ejemplos de madres cancerosas.

El duelo no es un sentimiento puro, aislado de contexto. No es solo aquello que te asfixia, nubla el entendimiento y golpea en oleadas imprevistas, como cuando una tormenta azota una barca en medio del océano y después todo vuelve a la calma bajo un cielo despejado. Sería estúpido pensar que la experiencia de la pérdida no está atravesada por la esfera material. Que en ese sufrimiento no importan ni influyen el estatus y el dinero. Sé que hasta el *Titanic* acabó hundido, y da cierto alivio pensar que todos, sin importar nuestra cuna, estamos expuestos a este desasosiego. Pero quienes lo hemos sufrido aprendemos que no todo el mundo lo vive igual ni se despide en los mismos términos. La mayoría no tenemos la oportunidad de decirle adiós a nuestra madre acomodada en una butaca de madera con mullidos cojines bajo la sombra de un roble, bañada por la calidez de los rayos de sol al atardecer. Y no todas las madres pueden irse dando consejos útiles, arropadas por una manta de lana de alpaca peruana, regalando epifanías a sus hijas. En las antípodas de esa imagen romántica e idílica, transitaremos como podamos en el umbral hacia la muerte por los espacios definidos por el sistema. Recuerdo el «pasillo de la muerte» de mi madre. Así llamo al espacio donde dispuso de una habitación propia en paliativos para poder irse en paz pese a la crueldad del cáncer en sus últimos días. Lo hizo rodeada de seres queridos que abarrotaron aquel cuarto diminuto. En las habitaciones adyacentes, y con el mismo camisón azul desgastado de lavados y lejía que cubría a mi madre, varios se fueron sin más compañía que su agonía. Dormían solos. Desayunaban solos. Cenaban solos. Siempre solos. Despedirse, en la sociedad capitalista, también es una cuestión de clase y entorno. A algunas, madres o no, nadie las verá hacerlo.

Un año después de que detectasen a mi madre metástasis cerebral, ocho meses después de su muerte, decidí romper mi promesa. Me fui sola al cine a ver *La habitación de al lado,* la película de Pedro Almodóvar en la que una reportera de guerra y madre ausente (Martha, interpretada por Tilda Swinton) pide a una escritora y amiga del pasado (Julianne Moore en el papel de Ingrid) que la acompañe a morir. Martha está consumida por un cáncer de mama en estadio tres y su tratamiento experimental no ha funcionado. Exhausta física y psicológicamente, ha comprado una pastilla en el mercado negro de internet para morir en sus términos. Para llevarlo a cabo, ha alquilado una carísima casa de diseño en medio de la naturaleza a dos horas de Nueva York. «Creo que merezco una buena muerte, no quiero vivir una agonía humillante», dice, tratando de convencer a Ingrid para que ejerza de acompañante en ese viaje final. Lo conseguirá.

No me enfadé como anticipaba al ver aquel bodegón estético de la muerte, listo para ser aplaudido en revistas de diseño por su acertada gama cromática y atrezo: di adiós con un paragüero de Fornasetti, mesas de Jean Prouvé, lámparas de Panton para Louis Poulsen o sofás de Roche Bobois. En aquella sala enterré mis prejuicios. Ahí delante tenía a una madre cancerosa que era de todo menos mágica porque su hija no cabía en una partida que debía ser solo suya. Aquella mujer no tenía nada que enseñar a nadie, salvo a sí misma. Aunque a momentos me pareció naíf y sentimentaloide por esa reiteración poética del final de *Dublineses* –«su alma caía lenta en la duermevela al oír caer la nieve sobre el universo y caer leve la nieve, como el descenso de su último ocaso, sobre todos los vivos y todos los muertos»–, admiré a Martha por tener la capacidad material de despedirse. Después de todo, Almodóvar ya había retratado de forma realista el ocaso de su madre (con bata gruesa y nunca batín) en *Dolor y gloria*. Ahora, en esa adaptación de *Cuál es tu tormento*, la novela de Sigrid Nunez, Almodóvar nos venía a decir que no hay madre mágica posible, y que la ansiada despedida digna, hoy en día, se alcanzará, si se alcanza, mediante el estatus y el dinero.

Hubo un detalle visual, invisible para muchos, que sí me incomodó. Las que transitamos por la planta oncológica sabemos que las flores, por el bien del paciente, están prohibidas. Los bellos ramos de tulipanes blancos y naranjas que animan la mesita de Martha hacían trampa en esos planos. Si no, de qué. De haberse podido, yo, a mi madre, en su cuarto de la muerte, la habría bañado en flores.

> Quemar la cena no es incompetencia, es la guerra.
>
> MARGE PIERCY

Todo son metáforas en la poética del espacio de *La habitación de al lado*. En el apartamento de Martha, sobre el sofá, aparecen colgadas dos obras que por separado son poderosas, pero que juntas me cortaron la respiración. Por un lado, *Duelo. Canosa di Puglia, Italia,* una foto de Cristina García Rodero del año 2000 donde se ve a un grupo de mujeres vestidas de luto, cubiertas por un velo opaco que les cubre cabeza y rostro, marchando en procesión un Sábado Santo por ese municipio italiano. Esta imagen con señoras despersonalizadas por la fe, que pertenece a la serie *Entre el cielo y la tierra*, la observé de cerca en el Círculo de Bellas Artes de Madrid en mayo de 2024, tres meses después de que muriese mi madre. Al verla pensé en el luto que todavía arrincona a las pocas ancianas que quedan en mi pueblo manchego, como la única tía abuela que me queda viva. Son las que viven encerradas solas en su casa, saliendo entre poco y nada, sin visitas, con la tele siempre encendida, siempre flojita. Mi madre también militó en las filas del negro cuando murió mi abuela, que se fue pronto, como ella. Su luto duró poco. No la dejamos. Recuerdo juzgarla cuando la veía vestida así, y aleccionarla, como si una cría supiese más de la vida: «Quítate eso, anda, que es una cosa bárbara y anticuada».

En la película, la foto del luto beato de Rodero está oportunamente colgada junto a un pañuelo con el mensaje «I have been to hell and back. And let me tell you, it was wonderful» (He estado en el infierno y he vuelto. Y deja que te diga que era maravilloso). El bordado es una obra de Louise Bourgeois, y yo, a esta artista criada en un taller de costura, la tengo presidiendo mi altar de domestofóbicas. Todo lo de Bourgeois me interesa. Nada de su universo me es ajeno.

Todavía recuerdo cómo me resbalaban las lágrimas, silenciosas, sin freno, cuando me situé bajo una de sus arañas *Maman* en los jardines de Villa Borghese en Roma, el verano posterior a la muerte de mi madre. Qué evocadora es esa escultura que simboliza la maternidad más claustrofóbica; amenazante, pero sobre todo cuidadora. Cuando topé con ella, ya venía llorada del interior del palacio. Lo hice al contemplar *Untitled No. 7,* una escultura en bronce y nitrato de plata en la que aparecen las manos entrelazadas de dos personas, como una piña de dedos amorosos. De uno de los antebrazos emerge una casita como las que dibujamos de niñas, símbolo de santuario y zona segura. Una casa puede ser el material de nuestras pesadillas, pero también la posibilidad de cobijo, la posibilidad de un abrazo, la posibilidad de sostenerse en otro.

Bourgeois trabajó obsesivamente las ambivalencias de lo doméstico en toda su obra. Ella sabía lo que era: refugio y cárcel al mismo tiempo. Un cálido abrazo pero tremendo tormento. Su *Pasaje peligroso*, cargado de trampas de la memoria. Sus inquietantes *Celdas*, rebosantes de recuerdos de la sumisión materna y la autoridad adúltera del padre. Kate Zambreno, otra fan confesa, que también la escudriñó durante su duelo materno, escribió sobre esas obras: «Qué precarias son. Con qué facilidad podrían desmoronarse».[1] Tan abatibles como las hijas que nos quedamos solas.

1. Kate Zambreno, *Mi libro madre, mi libro monstruo,* Segovia, La uÑa RoTa, 2022. Traducción del inglés de Carlos Bueno Vera y Violeta Gil.

Si digo que Bourgeois preside mi altar de domestofóbicas es porque ahí solo caben las que problematizan la mística de la casa. Las que inspeccionan el material de lo íntimo, impúdicas, en una exhibición de la que saben que nunca saldrán más limpias. Como yo, viven intoxicadas por la mezcla de fascinación, seducción y rechazo de aquello a lo que llamamos hogar. Exploran el material sensible de lo doméstico bisturí en mano, como científicas de un nuevo laboratorio moral. Las reconocerás porque revisan la mugre estancada de las esquinas. Son las que vuelcan con violencia los cajones ocultos de su genealogía.

Como mi madre con aquellas estampitas de vírgenes y rosarios que guardaba en el cajón de la ropa interior, yo a mis domestofóbicas las adoro y organizo no por iglesias de origen, sino por libros, obras, series, películas: Louise Bourgeois, Annie Ernaux, Kate Zambreno, Tracey Emin, Barbara Loden, Betty Draper, Anne Sexton, Sophie Calle, Jeanne Dielman, Lucia Berlin, Wanda, Rachel Cusk, Chantal Akerman, Carmela Soprano, Mabel Longhetti, Jenny Holzer, Gloria en *¿Qué he hecho yo para merecer esto?*, Vivian Gornick. Mis santas, reales o ficticias. Mis adoradas explo-

Untitled No. 7, pésimamente fotografiada por mi móvil

radoras de la herida heredada en la alienación femenina.

Escribía Jana Leo, a la que un desconocido violó a punta de pistola tras colarse en su piso de Harlem en pleno día, que su análisis de la domestofobia en la teoría del miedo a la casa se basa en dos ideas. Por un lado, el hogar es un mito, dice, «porque en la práctica el hogar es más bien una cárcel». Por otro, «la casa es, literalmente, un lugar donde se comete violencia contra las mujeres».[1] Leo me ayudó a ponerle nombre a una vergüenza y un rechazo que arrastraba desde niña: un sentimiento de asfixia que me llevó a concebir la casa como una jaula, una prisión femenina.

«La memoria que asocio con la cocina es un mandato subliminal de rechazo y huida, un poderoso susurro materno que decía: "sal de aquí".» Cuánta razón tenía Rosa Montero cuando escribió aquello en *El País Semanal*.[2] Crecí viendo cómo todas las mujeres que admiraba y más quería, las mujeres de mi familia, quedaban reducidas a reinar en un único

1. Jana Leo, *Violación Nueva York*, Barcelona, Los Libros del Lince, 2017. Traducción del inglés de Ana Flecha.

2. Rosa Montero, «Sal de aquí», *El País Semanal*, 26 de noviembre de 2023.

territorio: el espacio de la cocina. Me las imaginaba encadenadas a esos metros hasta el final de sus días, de sol a sol, sin la posibilidad de experimentar otros anhelos, otra vida. Limpiaban y cocinaban por dinero en otras casas por la mañana, y al llegar a la suya se limitaban a cambiar de mandil para seguir interpretando el mismo monótono papel, sin giros de guion, sin expectativas. Por eso me recorrió un escalofrío de identificación cuando leí a Rachel Cusk diciendo que las mujeres nos alejamos de la cocina «como el alcohólico se aleja de la botella».[1] Eso, precisamente, hice yo durante toda mi toma de conciencia.

Durante años me han intrigado esas chicas que lamentaban que su madre no cocinase en casa. ¿De qué planeta venían? La mía no hacía otra cosa. Como la de Kate Zambreno, se levantaba al alba, se metía en la cocina y de ahí no salía. Creo que si se escabullía tan pronto era porque disfrutaba de esas horas a solas con sus creaciones. A ese ratito Sylvia Plath lo llamaba «la luz de la poesía», por ser «esa hora azul, casi eterna, anterior al llanto de un bebé»

1. Rachel Cusk, *Despojos: sobre el matrimonio y la separación*, Barcelona, Libros del Asteroide, 2020. Traducción del inglés de Catalina Martínez Muñoz.

en la que podía escribir sin que la incordiaran. Como Toni Morrison, que escribía siempre a las cinco de la madrugada, «antes de que los niños dijesen *mamá*».

Antes de caer en picado por su enfermedad, mi madre nos pidió ir al pueblo. Tenía un sueño recurrente, una pesadilla en la que la despensa de la casa se desdibujaba ante sus ojos. Nada estaba donde debía estar y los botes de conservas desaparecían. En su sueño, no sabía ni qué ni cuánto tenía almacenado en aquellos cuartos (eran dos) en los que había organizado alimentos durante décadas. Mi madre necesitaba volver a esa cocina y a esas despensas porque quería despedirse de su gran obra. Su creación más personal. Tengo guardadas en el móvil algunas listas de la compra para vendedores de otros pueblos con los que tenía contacto habitual. Me sorprendió mucho que uno la llamase cariñosamente Vito, cuando nadie más la llamaba así. Mi madre siempre fue Viti para todos, y solo fue Vicky para sus empleadoras en Barcelona; pero ahí estaba al teléfono con un hombre que la llamaba distinto, tejiendo una complicidad desconocida para mí, como si de repente se revelase la faceta secreta de una espía. Me encantó.

De aquellos días, me dictó:

Tomates.

Pimientos.

Queso.

Huevos.

Guarrillo (así se llama al cochinillo en su zona).

Solomillo.

Cordero.

Pisto.

Pimientos verdes.

Melones.

Me mandó a comprar una cantidad ingente de garbanzos y lentejas a la única tienda del pueblo. Cuando le indiqué el peso exacto que quería a María del Mar, la tendera, me dijo con una sonrisa triste pero cómplice: «Ay, tu madre, que lo quiere dejar todo apañado, todo listo».

Tardé en entender que sus armas, las de la domesticidad, eran sus congeladores siempre a rebosar, los distintos robots de cocina y aquellos electrodomésticos que se apilaban en las estanterías del altillo, algunos en cajas sin abrir, como sandwicheras o sartenes eléctricas. Aquellos objetos manifestaban su poder dentro del limitado espacio que pudo controlar sin interferencias y sin imposiciones de los demás. Así lo hizo hasta sus últimos días en casa, antes del pasillo de la muerte, cuando dictaba a mi padre, desde la silla, paso a paso, cómo cocinarlo todo, hasta un conejo al ajillo que le quedó riquísimo.

La mía, como esas arañas de Bourgeois, fue una madre sobreprotectora, siempre alerta y controladora, extremadamente cariñosa, a ratos asfixiante, pero siempre cuidadora. Por eso, durante toda mi vida, he sentido una extraña fascinación por las que renegaron de ese rol. Las ausentes, las abandonadoras, las que problematizaron las fronteras de su intimidad.[1] También por las hijas que, abrumadas y sin aire, se volvieron en cierta forma nómadas en potencia, domestofóbicas. Nada me removió más que ver a Chantal Akerman pelando patatas en la cocina de Natalia, su madre, en *No Home Movie*, estrenada apenas dos meses antes de que se suicidara. Lo mismo que las pela de forma repetitiva su Jeanne Dielman en esa secuencia icónica que ahora tantas chicas comparten en sus perfiles de internet. Lo mismo que acaba haciendo Cate Blanchett en el

1. Si alguien ha explorado este género con valentía y sin prejuicios ha sido mi amiga y compañera Begoña Gómez Urzaiz en *Las abandonadoras*, Barcelona, Destino, 2022.

papel de la antifeminista Phyllis Schlafly en la serie *Mrs America*: castigada y frustrada, pelando patatas en la cárcel de su cocina.

En esa última película de Akerman, su madre, siempre esperando unas llamadas de las hijas que nunca llegaban, le dijo: «Sabes un montón de cosas que muchos no saben, hasta sabes cocinar». Fue escuchar esa frase y entender el hito de reconocimiento en el vínculo maternofilial que Akerman nos mostraba. Para algunas, es lo mejor que tu madre te podría decir. Yo nunca quise aprender. Cuando lo intenté, fue demasiado tarde. Me había alejado de la cocina como los alcohólicos se alejan de la botella.

ROCHERA

> Ya no hay afuera, pero tal vez podamos encontrar un mundo fractal interior.
>
> Esa sería una buena rave.
>
> MCKENZIE WARK, *Raving*

«Qué, niña, ¿otra vez a la calle? Mírala ella, qué rochera.» En la jerga manchega coloquial, una persona *rochera* es aquella que no para en casa, la que está constantemente por ahí. Durante toda mi adolescencia y juventud temprana, ejercí ese rol con vehemencia, y así me lo hacía saber casi toda mi familia. Primero fueron las tardes entre semana en la plaza del barrio. Después, los fines de semana exprimidos al límite, entregada a la cultura de club. Así nos pasamos la adolescencia los primeros desencantados de una democracia en la que ya asomaban la corrupción y el hastío, buscando el último after de moda. Sudábamos en locales oscuros desde el jueves noche hasta el lunes por la mañana mientras las colas del INEM abrían el telediario. Anhelábamos la evasión total, que el bombo nos atravesara el tímpano y el corazón si podía. No importaba si era en un bello amanecer en una fiesta ilegal en una cala del Garraf o en un bajo cochambroso sin ventilación en el Eixample de Barcelona o en un megaafter en una zona industrial del extrarradio junto a una fábrica de cacao. Qué más daba el sitio. Allí había otras respuestas, vivencias para gastarlas de tanto contarlas en ese espacio vacío y anodino hasta la siguiente fiesta. A nadie se le eriza la nuca en el sofá. En aquel afuera todo bullía porque nuestro interior, allí, podía ser distinto, especial. La melancolía nos aterraba y, lejos de aislarnos mirando pantallas y contando likes, como después pasaría con todos, nos entregamos a aquella comunión hedonista que fue un simulacro, un conato de rebelión, un ritual nada peligroso. El resto del tiempo rendíamos en trabajos malpagados y en nuestras clases de la universidad, como todos los demás, sin que temblaran los sacrosantos pilares del orden social.

La mañana siguiente de graduarme en la universidad, donde cumplí como hija modélica, cogí el Ford Fiesta rojo sin dirección asistida heredado de mi hermana todavía de empalme y sin dormir en veinticuatro horas, lo cargué de maletas y lo metí en la panza de un barco rumbo a Ibiza. No tenía trabajo, pero tanto mi amiga Jess como yo huimos allí buscando algo mejor. En mi interior estaba franqueando la seguridad de mi casa, mi última frontera. Escapaba, al fin, de mi sitio preestablecido. No había hecho intercambios ni Erasmus ni esas aventuras juveniles subvencionadas por el Estado o por papá; aquello de irse lejos para probar que la niña fluía con su inglés de extraescolar. Lo mío no era un requisito de currículo para el futuro. Irse cuatro meses a una isla para trabajar lo mínimo y salir de fiesta cada noche sin excepción no se incluye en ningún plan de juventud europeo, no es un *check* en la lista de ciudadana ejemplar. Lo hice porque necesitaba saber que había algo más. Algo que mereciera la pena. Vislumbrar el afuera. La que se queda en su sitio, la que permanece, se queda atrapada. Nadie quiere ser esa. Hubo un tiempo en el que no podía estar quieta.

Dice la filósofa Claire Marin que la persona en la que uno no quiere convertirse acostumbra a estar muy cerca. Que el lugar vergonzoso es a menudo el que ocupan las figuras más próximas, como el padre o la madre, una imagen que «arrojamos a la hoguera» para eludir un destino funesto.[1] También dice que no saber estarse quieta es negarse a estar atada a un lugar, limitada a un ritmo, sujeta a una forma de vivir o pensar.

Carl Jung también dijo que nada impacta más en la vida de un niño que la vida no vivida de una madre. A veces, más de las que me gustaría, pienso en esa frase de Jung, en cómo he

1. Claire Marin, *Estar en su lugar: habitar la vida, habitar el cuerpo*, Barcelona, Anagrama, 2024. Traducción del francés de Álex Gibert.

vivido mi vida y en cuando mi madre, cansada de todo y de todos, nos decía, entre la tragicomedia y el drama: «Estaréis contentos; yo lo que estoy es harta, sobre todo de ser vuestra esclava».

DOMESTICACIÓN

> ¿Y qué pasa si una bestia disfruta de la domesticación, si no sabe vivir de otra manera?
>
> SABINA URRACA, *El celo*

Existe un tipo de feminista, una muy particular, enganchada a un concepto talismán. Esa combinación de palabras será su comodín en conversaciones, en columnas de opinión o en ponencias frente a personas convencidas de que ellas no son otra borrega del sistema. La feminista sabe que pronunciando esa contraseña el discurso se engrasa y la conversación se reconduce, o así lo cree, a cotas elevadas de pensamiento. Una vez que lo verbalice, todo el mundo asentirá con ella, suspendido por el poder de su afirmación. *Ah, sisisí, claro que sí, cómo no va a ser eso así*. Ese concepto hipnotizará desde a chavalas cargadas de traumas hasta señores que presumen de aliados pero acumulan esqueletos en su armario. Todos relajarán los hombros al escucharlo. Cómo no le van a dar la razón. En un mundo ilustrado y elevado como el que pretenden habitar, en una esfera donde nada importa más que la noción de libertad, no hay peor condena que la de ser un animal domesticado. Domesticar el deseo. Domesticar el pensamiento. Domesticar los afectos.

En los últimos años, esa construcción se antoja imposible de rebatir, incluso en ciertos sectores de la izquierda. Parece que ningún ser ilustrado se atreva a contradecir la afirmación, ¿verdad? Qué voy a decir yo, si llevo toda la vida batallando contra mi particular herencia domesticadora. Pero, desde hace un tiempo, cada vez que leo una derivada de ese concepto algo en mí se tensa, se irrita. No puedo evitar pensar que quien lo enuncia no hace más que apoyarse en una muleta tramposa y liberal. Un bastón fantástico sobre el que solo se pueden sostener algunas elegidas. Mujeres como yo, a las que socialmente se nos ha ofrecido la posibilidad de decidir quién queremos ser. Como Delphine de Vigan sabe, siempre que haya elección posible, el espectro de la feminidad será sobre todo una cuestión de clase.[1] ¿Y qué *clase* de mujer querría ser de esa *clase*? Solo una idiota querría ser una de las domesticadas.

La RAE dice que *domesticar* es «reducir, acostumbrar a la vista y compañía del hombre al animal fiero y salvaje. Amansar, desbravar, domar, amaestrar, someter, dominar, acondicionar». Hasta aquí, todo en orden. Si algo hemos aprendido las que nunca habitamos el centro de nada es que la peor forma de perderse del todo es caer en la promesa de la asimilación, en esa trampa llamada integración. Muchas sabemos que no tenemos nada en lo que integrarnos, sino mucho por transformar. Así que cómo cuestionar esa definición. A mí ni me domes ni me amaestres, gracias. Pero la RAE se queda corta en esa primera acepción. Ahí no se define un lugar que sí ilumina el diccionario inglés Cambridge, donde una persona domesticada es aquella que «es capaz o está dispuesta a realizar tareas de limpieza, cocina

1. Delphine de Vigan, *Basada en hechos reales*, Barcelona, Anagrama, 2016. Traducción del francés de Javier Albiñana.

y otros trabajos en el hogar». Aquí, precisamente, es adonde queríamos llegar.

No tengo estudios científicos a los que agarrarme, pero cada vez que leo a una mujer escribiendo en contra de la domesticación del deseo o derivadas conceptuales, cada vez que alguien entona esa retórica seductora, mi intuición me alerta de que, posiblemente, esa persona malpaga a otra menos leída para que se haga cargo de la casa que habita. Que todo este afán por reivindicarse en contra de la domesticación, se presente en la forma que sea –deseo, afectos, feminidad–, no es más que una (aburrida y repetitiva) deriva de aquello con lo que Virginia Woolf y otras señoras burguesas nos adoctrinaron. No es que yo pretenda amansarnos y replegarnos a todas hacia la mística de la casa, esa no es mi voluntad ni de lejos. Pero qué estancadas seguimos si caemos una y otra vez en pasarnos esa antorcha, profundamente clasista y neoliberal, de matar al «ángel del hogar».

Parafraseando a la académica Amia Srinivasan, creo que liberar a las mujeres de las distorsiones de la opresión no es lo mismo que limitarnos a decir que toda mujer puede desear conquistar el espacio que quiera, así como desear a quien quiera. Lo primero es una demanda radical; lo segundo, una demanda liberal.[1] Por eso me irritan esas recientes calcomanías privilegiadas que prometen salvarnos con nuevas palabras seductoras. Fantástico, las mujeres no pueden domesticarse; claro que sí, amiga. Pero, cada vez que leo eso, como la artista Mierle Laderman Ukeles, me pregunto: «Después de la revolución, ¿quién va a recoger la basura el lunes por la mañana?».[2]

TARROS DE PISTO

Este texto no se ha escrito en ninguna residencia literaria. No me otorgaron ninguna beca ni fondos para aislarme en un espacio

1. «Liberar al sexo de las distorsiones de la opresión no es lo mismo que limitarnos a decir que todo el mundo puede desear lo que quiera o a quien quiera. Lo primero es una demanda radical; lo segundo, una demanda liberal», escribe Srinivasan en *El derecho al sexo*, Barcelona, Anagrama, 2022. Traducción del inglés de Inga Pellisa.

2. Lo escribió en 1969 en el *Manifesto for Maintenance Art*, donde explicaba por qué había decidido convertir su trabajo como madre y ama de casa en arte. «Soy artista. Soy mujer. Soy esposa. Soy madre (el orden es aleatorio). Paso muchísimo tiempo lavando, limpiando, cocinando, renovando, apoyando, preservando, etc. Además (hasta ahora, de forma separada), hago arte.»

hermoso, en plena naturaleza, donde fluyeran mis reflexiones sin interferencias. Se ha escrito de forma agónica, por tramos, en un combate cuerpo a cuerpo con sus páginas del que nunca sabía a ciencia cierta cuándo o cómo saldría. Casi cumple la profecía autocumplida de su título: *nadie me esperaba aquí*, porque, efectivamente, no quedó nada ni nadie ni palabras que esperar.

Los tres primeros capítulos los emprendí *gracias* a una baja médica de mes y medio tras la extracción de un mioma uterino. Eso fue en el primer semestre de 2023. Mi plan era acabar los tres siguientes sin complicaciones en otoño de 2024. Durante las etapas de trabajo, de rutina laboral, era imposible encararlo con una jornada de treinta y siete horas en un periódico y diversas colaboraciones en radios, así como la elaboración del guion y las entrevistas para el pódcast quincenal que copresento con Begoña Gómez Urzaiz. Trabajando fines de semana había acumulado los suficientes días libres como para aislarme dos o tres semanas y dedicarme, más aliviada, a la redacción de este texto. En octubre de 2023 llegó el diagnóstico de mi madre. El libro desapareció de la lista de tareas urgentes. Esos días libres se emplearon en visitas al hospital, acompañar a mis padres y realizar exasperantes trámites burocráticos relacionados con la enfermedad. Seguí trabajando casi a pleno rendimiento, disociada perdida, pero este proyecto y la ambición que lo acompañaba se esfumaron.

Uno de los artículos que publiqué mientras el glioblastoma se comía el cerebro de mi madre se tituló «Quién puede escribir por amor al arte: el silenciado coste de convertirse en autora».[1] Fue un reportaje nacido de la impotencia, de preguntarme en ese *impasse* quién puede permitirse ser escritora. ¿Quién pone su carrera creativa por encima de los cuidados o las responsabilidades con aquellos a los que aman? ¿Cuántas historias se quedarán sin contar, qué no llegaremos a leer porque quienes debían escribirlo no se lo pudieron permitir? Más que para los lectores, aquel reportaje lo escribí para mí. Busqué el apoyo en las que habían roto la mística de la creación como una práctica elevada, ajena a las imposiciones del mundo material y afectivo. Busqué consuelo en creadoras que jamás dirían que la literatura las había salvado o las había hundido. Escrito-

1. *El País*, 14 de enero de 2024.

ras que no recurrían a la metafísica con respecto a su obra, mujeres que me recordaban la realidad material de la creación. Tillie Olsen dejando constancia de que solo podía escribir en el autobús o cuando los niños dormían. Dahlia de la Cerda cuestionando a los burgueses que dicen que escriben por amor al arte. Bibiana Collado Cabrera preguntándose por qué nadie habla de dinero en la ficción.

Siendo periodista, yo siempre había escrito por dinero. Jamás tecleé una palabra si no iba a cobrar por ella. Este libro no me haría rica, pero si lo escribía –además de por cobrarlo, claro– era por sentir que podía contar algo que sirviese a alguien como yo. Alguien que se aferraría a esas voces, salvavidas existencial, en mi naufragio creativo.

Escribo estas palabras en noviembre de 2024. Un año después de lo que tenía previsto. Ese lapso, esa espera, también hizo que el texto mutase en contenido y forma. Lo que empezó siendo un libro sobre resignificar el desclasamiento y el viaje (de ida y vuelta) por el que transita la vergüenza de clase se ha convertido en un texto sobre el duelo materno, sobre los vacíos impuestos de la creación, sobre los dilemas de victimizarse –para qué y, lo más importante, para quién y en qué términos aceptables– y sobre qué esperamos de nuestras vidas en nuestras casas y fuera de ellas, qué queremos cuidar y qué queremos transformar en realidad.

Si bien no pude visitarla personalmente, descubrí la exposición *Tarros de chutney*, de la artista multidisciplinar Bobby Baker, en el estupendo *El delantal y la maza*, de María Arranz.[1] Su objetivo era crear un Partido Revolucionario Doméstico que dotase de épica a todas esas tareas que nunca son celebradas. En la intervención, Baker, una ama de casa, abuela y paciente psiquiátrica que siempre ha pedido que su obra no se lea como un relato personal sino como uno colectivo, ideó una *performance* donde mostraba tarros de conserva elaborados por ella: «Baker cuenta cómo, durante sus primeros meses como madre a cargo de las tareas del hogar, uno de sus mayores placeres era hacer conservas, sobre todo tarros de chutney [...], esa tarea encerraba para ella la gratificación de la productividad, el valor de preservar algo, la funcionalidad a la

1. María Arranz, *El delantal y la maza*, Málaga, Col&Col Ediciones, 2024.

hora de favorecer la economía doméstica –constante fuente de ansiedad– y el placer estético de contemplar la instalación que los tarros formaban una vez colocados en la estantería».[1] Leí esto y sonreí. Ese placer estético es el que debía sentir mi madre con sus baldas de conservas caseras.

Este capítulo se escribió entre unos días de vacaciones en la casa familiar en Valdemanco del Esteras y mi piso de alquiler de Barcelona. Primero volví a la casa de mis padres, allí donde las alacenas de mi madre se desdibujaban en sus últimos sueños, para edificar mi propia despensa. Fui almacenando y metiendo en conserva estas palabras. Lo hice junto a una de sus estanterías repletas de tarros, no de chutney, sino del asadillo y el pisto que envasaba ella con tesón y orgullo. Un día antes de acabar, ya en Barcelona, mi padre trajo una bolsa con algunos de esos botes etiquetados a mano. En uno de ellos se puede leer «Noe Pisto 2023». Qué suerte tengo. Ahí está, en mi despensa, dedicada, una de sus últimas grandes obras.

1. *Ibid.*

Agradecimientos

Gracias a mi padre, la mejor persona que conozco. A Javi y a Rumba, lo sois todo para mí. A mis amores y faros intelectuales, Bego y Álex, gracias por existir y por la lectura y el acompañamiento. A mi cuñada Cachi y a mi amiga Anita, por dejarme sus casas para aislarme, las mejores residencias literarias que una puede pedir. A Pedro, por devolverme las ganas de escribir en un viaje mágico a Roma. A mis amigos, por sus consejos y paciencia en estos tres años agónicos (¡lo escribí, ahora ya podemos volver a vernos!). A mi hermana, Sandra, por lo que hemos vivido y lo que está por venir. A todas mis tías y primas, salvavidas emocionales y mujeres maravilla. A Isabel Obiols, editora paciente, respetuosa y cuidadosa con cada coma. A Inga Pellisa, por el cariño de su corrección final. A Jordi Amat, por abrir el camino e intuir que en un texto corto había mucho más que rascar. A todas las personas que leí y me han llevado de la mano en este proceso y a todas las que escribís aunque sintáis que nadie os espera ahí. Qué ganas tengo de leeros.

Índice

Intrusa de qué 11
Vergüenza 27
Carismática 37
A mí no me llames víctima 63
El limbo es tierra de todas 73
Domesticada 99
Agradecimientos 133

Nuevos cuadernos Anagrama

72. **Lluís Calvo**, El segrest de la política. Per una democràcia més enllà dels partits tradicionals
73. **Daniel Rico**, ¿Quién teme a Francisco Franco? Memoria, patrimonio, democracia
74. **Mariano Peyrou**, Free jazz. La música más negra del mundo
75. **Mercè Ibarz**, No pensis, mira. Davant de l'obra d'art
76. **Mercè Ibarz**, No pienses, mira. Ante la obra de arte
77. **Louisa Yousfi**, Seguir siendo bárbaro
78. **Leila Guerriero**, La dificultad del fantasma. Truman Capote en la Costa Brava
79. **Michel Nieva**, Ciencia ficción capitalista. Cómo los multimillonarios nos salvarán del fin del mundo
80. **Jon Lee Anderson**, Aventuras de un joven vagabundo por los muelles
81. **Patrick Boucheron**, El tiempo que nos queda
82. **Santiago Gerchunoff**, Un detalle siniestro en el uso de la palabra fascismo
83. **Andrea Rizzi**, La era de la revancha
84. **Vicente Monroy**, Breve historia de la oscuridad Una defensa de las salas de cine en la era del *streaming*
85. **Josefa Sánchez Contreras**, Despojos racistas. Hacia un ecologismo anticolonial
86. **Gabriel Ventura**, El millor dels mons impossibles. Un viatge al multivers del *reality shifting*

87. **Gabriel Ventura**, El mejor de los mundos imposibles. Un viaje al multiverso del *reality shifting*

88. **Marta Cerdà**, Sobreviure al disseny. Context, memòria i temps

89. **Marta Cerdà**, Sobrevivir al diseño. Contexto, memoria y tiempo

90. **Xan López**, El fin de la paciencia. Un ensayo sobre política climática

91. **Isabella Hammad**, Reconocer al extraño. Sobre Palestina y el relato

92. **David López Canales**, ¿Una rayita? Por qué en España se consume tanta cocaína y no se habla de ello

93. **Jaume Subirana**, Literatura, llengua i lloc. Termodinàmica aplicada

94. **Jaume Subirana**, Literatura, lengua y lugar. Termodinámica aplicada

95. **Leila Méndez**, Disparos contados. Fotografiar con actitud analógica en la era de la inmediatez

96. **Julian Barnes**, Mis cambios de opinión

97. **David Trueba**, Mi 69

98. **Lea Ypi**, Fronteras de clase. Desigualdad, migración y ciudadanía en el Estado capitalista

99. **Noelia Ramírez**, Nadie me esperaba aquí. Apuntes sobre el desclasamiento

100. **Óscar Martínez**, Bukele, el rey desnudo

101. **Roger Bartra**, El oficio de ser extranjero. Reflexiones sobre el viajar

Impreso en Talleres Gráficos
LIBERDÚPLEX, S. L. U.,
ctra. BV 2249, km 7,4 - Polígono Torrentfondo
08791 Sant Llorenç d'Hortons